# 역사 논문 쓰기 입문

# 역사 논문 쓰기 입문

최성환 지음

# 목 차

## 4부 디지털 사료 찾기와 자료집 만들기

제 **1** 부

역사 논문의 이해

# 1부 역사 논문의 이해

## 1.1 역사 공부의 희열

**다시 역사에 재미를 느끼려면**

역사를 전공으로 선택한 학생들과 상담하다 보면 '왜 사학과를 선택하게 되었는지'에 관한 이야기를 나눌 때가 많다. 상당수는 청소년 시절 역사 선생님이 들려주는 옛이야기에 흥미를 느껴 역사학자가 되고 싶은 꿈을 가지게 되었다고 그 계기를 말한다. 필자 역시 중학교 2학년 때 국사 선생님의 수업이 역사에 관심을 지니게 되는 계기였다. 그 선생님은 다른 분들과 달리 암기 위주가 아니라 교과서에 나오지 않는 야사(野史)를 적절히 섞어서 이야기식으로 강의를 들려주셨다. 3학년이 되자 다른 선생님이 다시 연도 외우기 위주의 강의를 해서 실망한 기억이 있지만, 2학년 때 받았던 역사에 대한 흥미가 전공 선택으로 인도하는 가장 결정적인 이유였다.

그런데 학생들의 이런 흥미가 대학에 오면 오히려 반감된다. 기본적으로 수업에 참여하는 학생의 상황이 중·고교 시절과는 달라지기 때문이다. 이야기를 듣는 청중으로 느끼던 역사 공부의 재미와 전공자로서 배우는 역사 공부의 재미는 다르다. 특히, 대부분 대학은 1학년 때 기초 이론과 어학 관련 강의가 주로 편성되어 있다. 그렇다 보니 어린 시절 듣기 위주였던 역사 공부의 재미가 성인이 된 대학생 이후까지 지속되기 쉽지 않다. 그래서인지 고등학교 때 역사 과목을 정말 좋아했는데, 오히려 대학에 오니 역사가 별로 재미가 없다고 말하는 학생들이 더러 있다.

대학에서의 역사 공부를 재미있게 하는 방법은 무엇일까에 대한 고민이 필요한 이유이다. 역사 공부를 하면서 가장 재미를 느끼는 순간이 언제였는가를 생각해보자. 필자의 경우 흥미를 느끼는 주제에 대한 자료를 발견하고, 그 자료를 분석하여 뭔가 자신만의 글을 만들어 낼 때였다. 이렇게 완성해 나가는 글을 흔히 '논문'이라고 한다. '논문 쓰기'의 즐거움이야말로 역사 공부의 희열이다.

논문은 스스로 찾은 자료가 하나하나의 단서가 되어 퍼즐을 맞춰 나가는 쾌감을 선사한다. 역사 공부의 최고 재미는 '논문 쓰기'에 있다. 그 멋과 맛을 아는 사람은 역사의 매력에 더 깊게 빠지고, 직업으로 역사 공부를 선택하기도 한다.

　대학생들도 졸업하기 위해서 논문을 쓴다. 그러나 그 과정에서 논문 쓰기의 즐거움을 느끼는 사람보다는 졸업을 위한 의무방어라는 부담감에 스트레스를 받는 경우가 더 많다. 실제 대학의 교과목에서 논문 쓰기의 기초 이론을 배우고, 그 재미를 느끼도록 과목이 편성되어 있는 경우는 드물다. 한국사, 동양사, 서양사 분야의 큰 틀에서 시대별로 과목이 구분되어 있다. 그 개요와 연구 방법을 배우기는 하지만, 논문을 어떻게 하면 재미있게 쓰는지를 경험할 기회는 매우 적다. 그러다 보니 대학원에 진학해서도 논문방식의 글쓰기가 어떻게 진행되어야 하는지에 대한 정보가 부족한 상태가 된다. 논문 쓰는 것에 대한 '즐거움'보다는 두려움이 강한 '부담감'으로 작용한다.


## 이 책의 목적

　이 책은 논문 쓰기에 대한 부담감과 진행 과정에서 겪는 시행착오를 줄여서, 역사 공부의 희열을 함께 느낄 수 있으면 좋겠다는 생각으로 만들었다.

대학에서 학사 졸업 논문과 대학원생의 석박사 학위논문을 지도하면서 의외로 대학의 정규과정에서 논문 쓰는 방법에 대한 기초를 배울 기회가 많지 않다는 점을 느꼈다.

역사 논문에도 논문 체제에 맞는 형식과 글쓰기의 요령이 있다. 그러한 기초 지식이 없는 상태에서 '논문 쓰기'를 시작하면 불필요한 시행착오를 경험하게 된다. 그래서 논문 지도의 상당 시간을 논문의 형식을 갖추고 논문에 맞는 글쓰기 문맥을 지도하는 데 소비한다. 그러다 보면 정작 논문에서 다루고 있는 주제에 대한 심화나 연구성과 부분에 대한 지도 시간이 부족하게 된다.

## 이 책의 독자

역사 논문에 대한 이해와 글쓰기에 대해 가장 기본적인 내용을 안내해주는 책이 필요하다고 느끼게 되어 이 책을 집필하게 되었다. 대학 졸업을 위해 논문을 준비하는 학생과 대학원에 진학하여 석사학위 논문을 쓰는 대학원생을 염두에 두고 원고를 작성하였다. 전공자들 가운데 학술지에 처음으로 논문 투고를 고민하는 신진연구자들도 초심으로 돌아가 한번 읽어보면 도움이 될 것이다.

논문 주제의 선정, 사료의 검색과 수집, 세부 논문 내용 작성 등 한편의 역사 논문을 쓰기 위한 일련의 과정을 종합적으로 경험하도록 구성하였다. 실질적인 논문 쓰기 체험을 통해 역사 글쓰기의 역량을 강화하고, 논문에 대해 부담감과 두려움을 감소시키는 계기가 될 것이다.

　　논문의 완성도를 높이고, 쓰기의 과정을 효율적으로 진행하기 위해서는 논문 작성법에 대한 기초가 튼튼해야 한다. 논문 쓰기의 방법은 전공 분야별로 차이가 있다. 자료의 수집과 분석, 결론에 도달하는 방식과 표현법이 다르다. 때문에, 전공 분야에 맞는 논문 작성법을 미리 파악하는 노력이 필요하다. 일반적으로 역사 논문의 경우는 보통 인문과학 분야에 해당한다. 이 글에서는 인문과학 분야의 역사 논문 작성법을 기준으로 작성하였다.

## 1.2 책의 구성과 활용 방법

이 책은 총 4부로 구성하였다. 1부에서는 역사 논문이란 무엇인지를 이해하기 위한 기초 상식을 정리하였다. 논문작성을 위해서 반드시 알고 있어야 할 상식에 해당한다. 평소 학생들에게 가장 많이 받는 질문을 중심으로 논문의 정의, 종류, 논문의 조건, 논문의 분량, 논문 지도교수와 심사위원, 논문 읽기의 중요성, 논문 쓰기의 재미 등을 쉽게 풀어서 설명하였다.

2부는 논문 쓰기를 위한 준비과정에서 인식하고 있어야 할 내용이다. 논문을 기획하기 위해서 기본적으로 알아야 할 논문의 구성 요소, 어떤 논문을 쓸지 고민하기의 필요성, 논문 계획서 작성법, 논문의 기본 양식을 소개하였다.

3부는 실제 논문 쓰기 과정에 필요한 실습 요령에 대한 부분으로 이 책의 가장 핵심 내용이다. 논문을 처음 써보는 사람들이 실질적인 도움을 받을 수 있는 내용 위주로 정리하였다. 기본 요령과 그동안 논문을 써 오면서 느낀 점을 중심으로 초보자가 도움을 받을 수 있는 정보를 설명하였다. 논문

제목 작성 원칙, 목차구성법, 논문형 문체 사용, 머리말과 맺음말 작성 요령, 인용문 사업법, 주석의 역할, 참고문헌, 초록 작성, 도표와 그림의 활용, 논문유사도 검사로 구분하였다. 참조 사례를 예문으로 제시해 독자가 직접 확인하면서 논문작성의 역량을 키워나갈 수 있도록 구성하였다.

4부는 자료 찾기의 중요성과 연구자에게 실제 도움이 되는 유용한 인터넷 사이트의 목록을 소개하는 내용이다. 역사 연구자가 주로 활용하는 사이트를 유형별로 구분하여 제시하였고, 논문 집필을 위해 먼저 기초사료집을 만드는 방법을 설명하였다. 4부에 수록된 방식으로 직접 자신의 논문작성에 필요한 사료집을 만들어본다면 논문작성에 큰 도움이 될 것이다. 이 책에 제시한 주요 사이트를 방문하여 관련 자료를 조사하고, 어떤 정보를 얻을 수 있는지 직접 실습해보기를 권한다. 마지막에는 자료를 검색하는데 편리하도록 역사정보 DB 사이트의 목록을 모아서 첨부하였다.

# 1.3 역사 논문에 대한 상식

## 논문이란 무엇인가?

역사 글쓰기의 방법에도 여러 가지 종류가 있다. 전공이나 직업별로 그 방식에 조금씩 차이가 생긴다. 예를 들면, 기자는 기사를 통해 역사 글쓰기가 가능하다. 작가는 역사 소설이나 문학작품을 통해 역사에 대한 글쓰기를 한다. 역사를 전공하는 연구자의 글쓰기 방법 중 대표적인 것이 '논문'이다.

논문은 전공을 선택하게 된 순간부터 함께하는 의무이자, 연구자의 상징과 같은 것이다. 인터넷 위키백과 사전에는 논문의 정의가 다음과 같이 정리되어 있다.

> "논문(論文)은 어떠한 <u>주제</u>에 대해 저자가 자신의 학문적 연구 결과나 의견, 주장을 <u>논리</u>에 맞게 풀어 써서 일관성 있고 일정한 형식에 맞추어 <u>체계</u>적으로 쓴 글이다."

위 논문의 정의에서 '주제', '논리', '체계' 이 세 단어가 핵심이다. 즉, 논문은 특정 주제 의식을 가지고 연구한 결과를 체계적으로 정리한 글이라는 의미이다. 그 '체계'라는 것은 전공 분야에 따라 조금씩 차이가 있다. 인문과학 분야는 '논리'를 갖추기 위한 근거자료 제시가 중요한 '체계'의 방식이다. 반면, 자연과학이나 공학에서는 특정 실험의 과정과 결과가 그 '체계'에 해당한다.

네이버 영어사전에서 '논문'이라는 단어를 검색하면, 'thesis', 'dissertation', 'paper' 세 단어로 예시되어 나온다. 이 중 thesis는 그리스어에서 '지적인 제의'라는 뜻에서 유래했고, dissertation은 라틴어에서 '발표'를 뜻하는 단어에서 유래한 것으로 알려져 있다. paper는 종이나 신문의 의미이다.

논문에 대한 정의와 어원을 이해하는 것도 역사 논문 쓰기의 첫걸음을 시작하는 사람에게는 꼭 필요한 과정이다.


## 논문의 종류

논문에도 몇 가지 종류가 있다. 크게 우리 사회에서 통용되는 유형은 학위논문, 학술논문, 출판용 논문이 대표적이다. 그 성격에 대해 간단히 살펴보겠다.

첫 번째, 학위논문은 학사·석사·박사 등 학위를 취득하기 위해 작성한 논문이다. 학위논문은 전공자로서 갖추어야 할 기본 능력을 평가받는 기준이다. 대학이나 대학원에 입학하여 모든 과정을 이수하고 나서 졸업할 때 받는 증명서를 '학위기(학위증)'라고 한다. 이 학위기를 취득하기 위해서는 학위논문이 필수이다. 논문을 쓰지 못하면 수료 상태가 되고, 논문을 제출해 심사 절차가 통과되어야 만 졸업을 하게 된다. 물론 최근에는 학사나 석사과정의 경우는 논문을 대체하는 졸업요건이 생겨나는 추세이기는 하지만, 여전히 전공자로서 인정받는 자격증과 같은 것이 학위논문이다.

학위논문을 작성하기 위해서는 '지도교수 선정', '논문작성 계획서 제출', '논문 심사'의 최소 세 단계는 거쳐야 한다. 대학마다 다르기는 하지만, 학위가 위로 올라갈수록 의무 사항과 절차는 더 까다로워진다. 보통 박사학위의 경우는 학위 심사를 받기 전에 몇 번의 학술행사 발표와 학술지 게재를 의무조건으로 하는 등 자체 지침에 따라 운영된다. 전공과 대학의 특성에 따라 영어로 논문을 작성할 것을 요구하는 곳도 있다.

두 번째, 학술논문은 국내·외에서 발간되는 각종 학술지에 게재하거나 혹은 학술대회에서 발표하기 위한 목적으로 작성하는 논문이다. 학술지는 전공별 학회나 대학 및 관련 연구

기관에서 발간하고 있다. 학술지에 논문을 게재하여 본인의 연구성과를 공개하는 것이 연구자의 의무이자 자세이다. 예를 들면, 목포대학교 도서문화연구원에서는 『도서문화(島嶼文化)』, 한국근현대사학회에서는 『한국근현대사연구』, 호남사학회에서는 『역사학연구』라는 학술지를 발간하고 있다. 발행처에 따라 1년에 4회 발간하는 학술지도 있고, 1년에 2차례 혹은 1차례 발간하는 곳도 있다.

연구자가 학술지에 논문을 투고하면, 전문가 3인~5인 내외의 심사를 받게 된다. 심사를 통해 투고된 논문의 학술적인 성과가 인정되어야만 최종적으로 학술지에 게재하는 것이 확정된다. 보통 투고된 논문은 심사자의 평가 점수를 합산하여 '게재', '수정 후 게재', '수정 후 재심사', '수정 후 재투고', '게재 불가' 등으로 구분된다.

연구자들이 논문을 투고하는 학술지에도 등급이 있다. 국내 학술지의 경우는 한국연구재단에서 '등재 학술지'와 '등재 후보 학술지'로 구분하여 관리하고 있다. '등재 학술지'는 국내에서 발행되는 학술지 중 한국연구재단의 평가를 신청하여 선정된 학술지를 칭하고, '등재후보 학술지'는 등재 학술지 후보로 등록되어있는 학술지이다. 한국연구재단에서 인정하는 공식 '등재 학술지'가 되기 위해서는 발간 횟수나 심사의 객관성, 탈락 논문의 비율 등이 종합적으로 평가된다. 한국연구재단의 등재 학술지를 흔히 'KCI 학술지'라고 칭한다. KCI는 한국학술지 인용 색인(Korea Citation Index)의 약자이다.

이러한 등재 학술지와 등재후보 학술지 외에도 각 기관에서 발간하는 자체 학술지도 많다. 자체 학술지에 게재된 논문은 상황에 따라 공식 학술연구의 실적으로 인정받지 못할 수도 있다. 예를 들면, 대학의 교원이나 연구기관의 연구자를 공채할 때 최근 몇 년 안에 등재후보 학술지 이상의 학술지에 몇 편 이상의 실적이 있어야 한다는 의무조건이 있다. 실적으로 인정받기 위해서는 등재 학술지 혹은 최소 등재후보 학술지에 게재가 된 논문이어야 공식연구실적으로 인정을 받는다. 따라서 전문연구자가 학술지에 투고할 때는 학술지의 등급 부분도 잘 살펴봐야 한다.

학술지에 투고하는 자격도 학술지마다 조금씩 차이가 있다. 박사과정생 이상 투고할 수 있게 되어있는 경우가 많고, 그 이하는 지도교수와 공동으로 투고하도록 한 곳도 있으니 확인이 필요하다. 최근에는 이러한 제한이 점차 없어지는 추세지만 여전히 대부분 학술지에는 투고 자격이라는 것이 존재하고 있다.

국내 학술지 외에 국제학술지도 있다. 영어로 작성된 논문이 기본이고, 국내 연구기관에서 발간하더라도 영어로 작성하거나 국제적으로 통용되는 학술지로 인정받으면 국제학술지로 평가된다. 국제학술지도 주제, 출판 시기, 인용지수 등을 평가하여 등급이 나누어진다. 일반적으로 SCI, SSCI, A&HCI, SCOPUS 등이 학계에서 인정받는 국제학술지의 등급이다.

세 번째, 출판용 논문이다. 이 경우는 학위 취득이나 학술지 게재가 목적이 아니라, 연구자 본인의 학술 저서를 발간하는데 필요한 논문을 작성하는 것이다. 개인이 단행본으로 발간하는 책이나 여러 명이 주제별로 논문을 모아서 학술총서가 해당한다.


## 논문의 조건

논문으로 인정받기 위해서는 충족해야 할 기본적인 조건이 있다. 최소한 독창성(Originality), 정확성(Accuracy), 객관성(Objectivity)이 있는 글이어야 한다. 특히 학위를 위한 논문의 경우는 이러한 충족조건에 더욱 충실해야 한다. 대학생의 논문이라도 전공자로서 이러한 점을 명심하고 논문 쓰기에 임해야 한다.

첫 번째, '독창성'은 기존에 먼저 누군가 쓴 적이 없는 새로운 논문이어야 한다는 점이다. 물론, 주제 자체가 모두 새로울 수는 없다. 예를 들어, 누군가 이미 '3.1운동의 성격'에 대한 논문을 발표한 적이 있어도 자신이 새로운 시각에서 접근했거나 알려지지 않은 자료를 발굴하여 분석했다면 그 논문은 독창성이 있는 것이다.

두 번째, '정확성'은 주장하고자 하는 바가 분명해야 한다는 점이다. 모호한 표현이나 불분명한 개념이 많으면 논문으로 인정받기 어렵다. 이는 누구나 논문을 처음 쓰는 과정에서 겪는 시행착오이기도 하다. 뭔가 글을 많이 써놓기는 했는데 읽어보면 글쓴이가 주장하는 바가 무엇인지 파악이 어려울 때가 있다. 글의 사족을 없애고 주장하고자 하는 바에 집중하여 글을 서술하는 요령이 필요하다.

세 번째, '객관성'은 자신의 분석이 누가 보더라도 합리적이고 공감되어야 한다는 점이다. 주장과 결론을 뒷받침하는 자료를 충분히 제시하는 것이 객관성을 높이는 논문의 조건이다. 결론을 미리 정해놓고, 그 방향에 맞춰서 글을 쓰다 보면 증거는 안보이고 과장된 주장만 있는 경우가 발생한다. 그러한 글은 논문으로서의 객관성을 갖추지 못한 것이다.

이외에도 가능한 읽기 쉬어야 하고, 윤리적으로 남의 글을 표절하지 않아야 하는 점 등이 논문이 갖춰야 할 기본 조건이다. 논문의 경우는 연구자들이 주 독자인 경우가 많지만,

그렇다고 어려운 용어를 남발하는 것은 옳지 않다. 대한민국 국민이면 누구나 읽고 이해할 수 있는 수준으로 쓰는 것이 좋은 논문이 갖추어야 할 덕목이다.

물론 요즘 대학생 수준에서 쓰는 졸업 논문의 경우는 이상과 같은 기준을 엄격하게 요구하지는 않는다. 그렇다 하더라도 최소한의 조건은 있다. 단순히 기존의 연구성과를 요약해서 편집해 놓은 글은 졸업 논문이 될 수 없다. 또한, 남의 글을 출처를 밝히지 않고, 마치 자신이 쓴 글인 것처럼 속이는 경우는 대학생의 글이라고 하더라도 논문으로 인정받을 자격이 없다. 최소한 기존의 연구성과에 대한 분석을 바탕으로 자신이 찾은 자료와 본인의 생각이 조금이라도 첨가되어야 졸업 논문의 조건을 갖춘 것이다.


## 논문의 분량

학위논문을 준비하는 학생들이 가장 많이 질문하는 내용 중 하나는 논문의 분량에 대한 부분이다. "논문 분량이 어느 정도가 되어야 하나요?"라는 질문과 함께 이전 다른 사람들의 논문은 분량이 얼마나 되는지를 확인하게 된다.

그러나, 대부분 대학의 학위논문 의무조건에 분량을 몇 페이지 이상 써야 한다고 규정하는 경우는 거의 없다. 자신의 연구 목적과 분석내용, 그 결과가 적당히 서술되어 다른 사람이 이해할 수 있는 내용이면 충분하다. 이 역시 연구의 범위와 깊이가 더 해지는 석사·박사 학위로 올라갈수록 자연스럽게 그 분량은 많아진다.

논문의 분량은 전공에 따라 달라지는 경향이 있다. 실험 내용을 토대로 하는 공학 쪽은 논문의 길이가 그리 중요하지 않다. 다만, 역사 논문은 근거 사료를 토대로 논리의 전개와 주장이 설득력 있게 서술되어야 하므로 다른 학문의 논문보다는 전체 분량이 많은 편이다.

학위논문의 분량은 비교적 자유로운 편이지만, 반대로 학술지에 게재하는 논문은 발행하는 곳에서 원고량의 제한을 명시하는 것이 일반적이다. 보통 역사 분야 논문은 200자 원고지 150매, 더 적은 곳은 120매 내외로 제한하는 곳이 많다. 이는 불필요한 내용을 줄이기 위한 목적도 있지만, 인쇄비 등 제작비용을 절감하기 위한 목적이 강하다. 때문에, 제한된 분량을 넘어서게 되면 학술지에 논문을 게재하는 집필자에게 추가 인쇄비를 요구하는 경우가 대부분이다. 이는 우리나라 학회의 그리 바람직하지 않은 풍토이다. 그러나, 논문에서 불필요한 부분을 줄이고 새로운 사실과 근거를 중심으로 한정된 분량에 맞춰 글쓰기를 하는 것도 논문 쓰기의 내공을 늘리는 방법이다.

논문을 작성할 때 유의해야 할 부분은 분량보다는 논문의 체계와 편집 요령이다. 이 역시 대학이나 학술지마다 기준이 다르므로, 논문을 본격적으로 작성하기 전에 미리 해당 양식을 확인하고 작성하는 것이 효율적이다. 자유롭게 다 써놓고 고치려면 시간이 더 소모되는 경우가 많다.

## 논문 지도교수와 심사위원

학위논문에는 지도교수가 필수이다. 논문을 작성하기 위해서는 본인이 다니고 있는 대학의 학과 내에서 해당 주제의 전공에 맞는 교수를 지도교수로 선정해야 한다. 물론 요즘은 학과 내 교수가 아니더라도 같은 대학의 전임교원이면 논문의 지도교수를 맡는 것이 가능해지는 추세이기도 하다.

지도교수를 선정하기 위해서는 사전에 교수와의 면담을 통해 본인의 관심 분야를 말하고, 지도교수를 맡아줄 것을 승낙받는 절차가 필요하다. 대학생의 경우는 4학년 때 논문의 지도교수를 정하는 것이 일반적이고, 보통은 4학년 2학기 때 졸업 논문을 작성하는 과정에서 개인지도를 받으면서 졸업 논문을 완성하게 된다.

지도교수는 학생이 해당 주제에 대한 학위논문을 작성할 수 있도록 최근 학계의 동향과 기초자료 찾는 법, 논문 목차의 구성 등을 지도해주는 역할을 한다. 대학원생의 경우는 지도교수와의 관계가 더욱 긴밀하다. 주제를 선정하는 과정과 자료 수합, 논문의 방향 등을 지도교수와 지속적인 상담 및 학습을 통해 정하고, 완성 시켜나가는 방식이다.

자신의 논문에 대한 지도교수의 변경도 가능하다. 학생들은 지도교수 변경을 매우 어렵게 생각한다. 그러나, 처음 생각했던 주제와 다른 내용의 논문을 최종 졸업 논문으로 작성하는 경우에는 지도교수에 대한 변경 신청서를 작성하여 제출하면 된다. 대학생은 지도교수가 변경되는 경우가 많지는 않지만, 석사 이상 학위논문을 받아야 하는 대학원생의 경우는 주제의 변경에 따라 지도교수를 교체하는 과정이 자연스럽게 발생한다. 보통은 대학원에 입학하면 첫 학기에 지도교수를 정하는데, 이때는 세부적으로 본인의 학위논문 주제가 정해지지 않은 경우가 많다. 때문에, 나중에 확실하게 주제가 결정되면 그 주제의 가장 전공자인 교수와 상의하여 지도교수를 교체하는 것이 일반적이다.

학위논문이 통과되기 위해서는 지도교수 외에 전공자로 구성된 심사위원의 논문 심사를 받아야 한다. 일반적으로 석사학위 논문은 3인, 박사학위 논문은 5인으로 심사위원이 구성

된다. 이 인원에는 지도교수가 포함되며, 전공 교수나 전문가를 심사위원으로 위촉한다. 대학생의 경우는 학과 내 교수들이 심사위원이 되고, 대학원생의 경우는 논문 주제에 맞는 전문가를 외부에서 심사위원으로 위촉하기도 한다. 박사과정의 경우는 공정성을 위해 보통 학과 외 전문가 1~2인을 심사위원으로 포함하여 심사를 진행한다.

## 논문 읽기의 중요성

논문을 잘 쓰고 싶은데, 혹은 졸업을 위해서 꼭 써야 하는데 무엇부터 해야 할지 모르겠다고 하소연하는 경우가 많다. 좋은 논문을 쓰기 위해서는 남이 써 놓은 논문을 많이 읽어야 한다. 즉 논문 쓰기의 시작은 논문을 읽는 것이다. 본인이 관심이 가는 주제와 유사한 논문, 혹은 같은 주제인데 연구대상 지역이 다른 사례를 선택해서 읽어보는 과정이 필요하다. 이를 흔히 선행연구에 대한 분석이라고 한다. 다른 사람은 어떤 방식으로 자료를 제시하여 분석하고, 결론에 도달했는지를 꼼꼼하게 살펴야 한다. 논문 읽기를 반복하다 보면 자신의 논문을 어떻게 구상해야 할지에 대한 정보를 얻을 수 있다.

특히 논문을 읽을 때는 각주나 참고문헌을 눈여겨보아야 한다. 선행연구자가 논문을 쓰는데 참고한 자료들은 본인이 논문을 쓰는 데도 도움을 받을 수 있는 자료이다. 선행 논문의 참고문헌 목록을 통해 자신이 논문을 쓰는 데 기본적으로 참고해야 할 자료의 대상과 소장처 등을 파악할 수 있다.

논문을 읽는 것만으로도 논문에 맞는 문체와 서술하는 요령 등을 익히는 데 도움이 된다. 학위논문을 지도해보면, 선행연구 논문을 많이 읽은 학생과 그렇지 않은 학생은 분명하게 차이가 난다. 남의 논문을 읽는 과정이 초기에는 시간을 많이 투자해야 한다는 점에서 건너뛰고 싶겠지만, 결국 최종적으로 논문을 완성하는 데 도움이 더 많이 된다.


## 논문 쓰기의 재미

논문을 쓰는 것은 대학생이나 대학원생들에게 참 부담스러운 과제이다. 역사가 재미있어서 대학원에 진학하고 싶어 하는 사람들도 졸업을 위해 학위논문을 써야 한다는 부담 때문에 쉽게 결정하지 못하기 마련이다. 또한, 대학원 과정을 수료한 후 한참의 시간이 흘렀지만, 논문을 못 써서 학위를 취득하지 못하는 경우도 빈번하다.

논문을 한번 써보고, 자신의 논문이 학술지에 게재되는 과정을 몇 차례 경험해 보면 논문 쓰기만큼 재미있는 작업도 없다. 사실 세상에서 가장 재미있는 일 중의 하나가 논문 쓰기이다. '논문 쓰기'에 한번 빠지면 다른 일은 뒷전이 되고, 오직 논문에만 집중하고 싶은 심정이 든다.

논문을 쓰기 위해 자료를 찾고, 하나의 글을 완성하여 나가는 과정에서 느끼는 즐거움은 느껴본 사람만 알 수 있는 이 분야 전공자의 재미이다. 그런데 일상에서는 따로 논문을 쓸 시간이 주어지지는 않는다. 때문에, 틈틈이 논문을 위한 준비과정을 진행해야 한다. 교수의 경우도 평소에는 강의와 학생지도를 비롯하여 여러 가지 업무를 수행해야 하는 현실 상 논문에만 매달릴 수는 없다. 학생의 논문 준비도 마찬가지이다.

논문에 필요한 자료를 하나씩 찾아 나가는 즐거움은 마치 보물찾기 놀이와도 같다. 본인이 생각하는 부분이 사료의 맞춤을 통해 하나하나 실마리가 풀리고 조각이 맞춰져 나갈 때, '아! 이거구나, 내 생각이 맞았구나' 하는 쾌감이 있다.

역사 전공은 다른 분야의 학문과 비교해 볼 때 1년에 많은 편의 논문을 집필하기가 쉽지 않다. 자료의 수집과 분석, 논문을 완성하는 데 꽤 시간이 걸리기 때문이다. 연구자의 역량에 따라 달라지겠지만, 어떤 논문은 수십 년에 걸쳐서 수집·분석한 성과들이 축적되어 딱 한 편의 논문으로 완성되기도 한다. 그만큼 논문 쓰는 작업이 쉬운 것은 아니지만, 그 과정과 성취에 따라오는 즐거움도 크다. 만약 논문을 쓰면서 뭔가 짜릿한 쾌감을 느꼈다면, 그 사람은 역사전공자의 자질과 가능성을 지니고 있다는 점을 스스로 검증한 것이다.

필자가 근무하는 목포대학교 사학과에는 '학생 학술 심포지엄'의 전통이 있다. 학생들이 주제를 정하여 1년간 스스로 자료를 찾고 분석하여 그 연구성과를 발표하는 행사이다. 1991년부터 시작하여 현재까지 매년 이어지고 있다. 참여 학생이나 지도교수 모두 매우 힘든 준비과정을 겪어야 하지만, 학술 심포지엄에 참여한 학생이 느끼는 성취감이 매우 크다. 이 학술행사의 발표문을 스스로 작성하고 발표하는 경험을 통해 참여 학생들은 논문 쓰기의 재미를 만끽하게 된다. 그래서 목포대 사학과의 경우는 학생 심포지엄에 참여한 후 대학원 진학을 결심하는 학생들이 늘어난다.

옛말에 사람은 죽어서 이름을 남긴다고 했다. 역사 전공을 선택한 사람이 자신의 이름을 남기는 방법이 바로 논문이다. 자신의 이름으로 된 논문을 한 편 정도는 남겨보겠다는 마음을 가지고 논문 쓰기에 접근해보자. 그러면, 자연스럽게 논문 쓰기의 재미라는 것이 무엇인지 만끽할 수 있을 것이다.

# 제 2 부

## 논문을 위한 준비

# 2부 논문을 위한 준비

## 2.1 논문을 구성하는 요소

논문을 쓰기 위해서는 논문을 구성하는 기본 요소에 대한 이해가 필요하다. 논문은 단순히 사실을 나열하는 것이 아니고, 분명한 주제 의식을 가지고 그 연구 결과를 논리적으로 서술하는 것이다.

때문에, 글을 읽는 사람들이 이 논문이 전달하고자 하는 바를 명확하게 이해할 수 있도록 해야 한다. 이를 위해서 논문의 구성 요소를 잘 활용해야 한다. 무엇보다 논문을 쓰는 필자 스스로가 논문의 구성 요소에 대해 올바르게 이해하고 있어야 한다.

역사 논문을 구성하는 가장 일반적인 기본 요소를 제시하면 다음의 〈표 1〉과 같다.

<표 1> 역사 논문을 구성하는 기본 요소

| 구분 | 성격 |
|------|------|
| 제목 | 논문의 내용을 함축적으로 보여주는 제목 |
| 글쓴이 | 논문을 쓴 사람 이름 표시, 공동저자 표시 |
| 목차 | 논문을 구성하는 장과 절의 제목 제시 |
| 국문초록 | 논문의 핵심 내용을 요약하여 제시 |
| 주제어 | 논문 내용과 연관 있는 핵심어(키워드) |
| 머리말(서론) | 글 시작 부분으로 목적과 방법 등 소개 |
| 본문 | 논문의 본론에 해당하는 부분, 장별로 주제를 잡아서 연구 과정과 성과를 서술 |
| 맺음말(결론) | 논문의 결론과 성과를 요약 |
| 주석 | 어떤 낱말이나 문장의 뜻을 이해하기 쉽도록 풀이하는 부분, 혹은 출처와 근거자료를 밝히는 부분 |
| 도표 | 어떤 자료를 통계적으로 제시하여 정리 |
| 그림 | 논리를 전개하는 데 필요한 이미지 자료 |
| 참고문헌 | 논문을 작성하면서 인용한 선행연구성과나 근거자료가 되는 자료의 목록 |
| 영문초록 | 영어로 작성하는 요약문, 석사학위 이상이나 학술논문에서 사용 |
| 인준서 | 학위논문 제출에 필요한 심사위원의 도장을 찍는 부분 |

위의 <표 1>과 같이 일반 역사 논문은 14개의 기본 구성 요소를 포함하고 있다. 이외에도 학위논문은 별도의 표지가

필요하기도 하다. 기본 구성 요소 중 대학생 논문은 초록이나 영문초록, 키워드 등을 포함하지 않는 경우가 많다. 제목, 목차, 머리말, 맺음말, 주석, 도표와 그림 사용, 참고문헌을 어떻게 활용하느냐에 따라 논문이 전달하려는 목적이 분명해지고, 논문의 완성도가 높아진다.

국내 학술지의 경우는 논문의 기본 구성 요소를 투고 규칙에 제시하는 경우가 대부분이다. 참고로 목포대학교 도서문화연구원에서 발행하는 등재 학술지 『도서문화』의 경우는 논문 투고 및 작성 규정에 논문요건을 다음과 같이 제시하고 있다.

[논문요건]
1) ①제목, ②소속기관, 직위, 저자, ③목차, ④국문초록(600자 이내), ⑤주제어(4개 이상), ⑥본문, ⑦참고문헌, ⑧영문제목, ⑨소속기관과 직위 및 저자의 영문명, ⑩영문초록(학술지 인쇄면 2쪽 이내), ⑪Key words(6개 이상) 등을 포함한다.
2) 외국인의 경우, ①논문제목(자국어, 한국어, 영어), ② 논문초록(한국어, 자국어, 영문), ③키워드(한국어, 영어), ④본문(자국어) 등을 포함한다.

이제 논문의 구성 요소에 대한 이해를 위해 기본 개념을 간략히 살펴보자. 먼저 제목 부분이다. 제목은 해당 논문을 상징하는 것이다. 또한, 독자에게 읽어보고 싶은 흥미를 느끼게 하는 역할을 한다. 기존의 다른 논문과 차별성이 있는 제목을 작성하는 것이 필요하다. 본인의 연구 목적이 잘 표현되도록 논문의 제목을 작성해야 한다. 논문 제목 작성은 단순하지만, 매우 중요한 부분이므로 3장에 별도로 서술하였다.

글쓴이는 저자의 이름과 소속 등을 적는 부분이다. 대학생 졸업 논문은 이름과 학번을 적는 것이 일반적이다. 석사와 박사 논문은 이름만 적는다. 학술지 논문은 해당 학술지마다 적는 방식이 별도로 정해져 있다. 본문에는 이름만 적고, 각주를 통해 소속과 전공 분야, 이메일 등 기본 정보를 밝히는 방식이 기본이다. 학위논문은 저자가 한사람인 경우가 대부분이지만, 학술논문은 저자가 여러 사람이기도 하다. 그런 경우는 참여자의 역할에 따라 구분하여 모두 표기해야 한다.

일반적으로 저자는 '제1저자', '책임(교신) 저자', '공동 저자'로 구분된다. '제1저자'는 연구와 논문작성을 가장 많이 주도하고 직접 수행하는 저자이다. '책임(교신) 저자'는 논문의 작성과 출판과정에서 끝까지 책임지는 저자이다. 공동 저자와의 교신 및 논문의 결과에 대한 책임을 지는 저자이다. '공동 저자'는 해당 논문이 완성되는 과정에서 일정 부분 연구성과를 내는 역할을 하는 저자이다. 이처럼 참여자가 복수일 때는 연구를 진행하고, 논문을 작성하는 과정에서의 역할에 따라 구분해서 표기해야 한다. 논문작성에 참여하지 않은 인물의 이름을 공동 저자로 등록해서는 안 된다. 논문 게재 후에도 저자와 관련된 거짓 정보가 적발되면 논문성과가 취소될 수 있다.

목차는 논문의 골격에 해당한다. 제목과 자연스럽게 연결될 수 있도록 구성해야 한다. 역사 논문에서는 머리말과 맺음말을 포함하여 5단으로 구성하는 경우가 일반적이다. 목차의 구성은 연구 내용에 따라 더 늘려도 되고, 3단이나 4단으로 해도 된다. 다만, 각 장의 구성이 자연스럽게 연결되는지가 더 중요하다.

초록은 논문의 핵심 내용을 요약하여 제시하는 것이다. 일반적으로 학위논문에는 국문 초록과 영문 초록이 있다. 대개 대학생 졸업 논문에서는 초록을 포함하지 않는 경우가 많다. 석사학위 이상에서는 국문 초록과 영문 초록이 의무로 들어가야 한다. 학술지 논문의 경우는 국내 발간 학술지인 경우에도 영문 초록이 반드시 포함된다. 초록은 함축적으로 써야 한다. 따라서 논문이 완성된 후 마지막에 글의 목적과 결론 위주로 정리하는 것이 좋다.

주제어(키워드)는 해당 논문의 내용과 밀접한 핵심 단어를 제시하는 것이다. 보통 국문 초록 아래에는 국문 주제어가 제시되고, 영문초록 아래에는 영문 키워드가 제시된다. 주제어는 학위논문보다는 학술지 논문에서 주로 사용하고, 발행처에 따라 주제어 표기 숫자가 정해져 있다.

주제의 예를 들어 보겠다. 논문의 제목이 「목포의 개항과 정과 거류지형성의 특징」이라면, '목포', '개항', '대한제국기', '거류지', '일본' 등의 단어를 이 논문의 주제어로 제시할 수 있다. 물론 키워드 선정은 논문을 집필한 연구자가 강조하고 싶은 단어를 중심으로 선정한다. 요즘 유행하는 소셜 네트워크서비스(SNS)에서 정보를 공유할 때 사용하는 해시태그와 유사하다고 생각하면 된다. '해시(#)'를 붙인 태그를 본문 내용에 적어두면 링크가 형성되어 같은 태그를 작성한 글들끼리 모아주는 기능을 하듯이, 이 논문이 어떤 주제어로 엮일 수 있는지를 고민해서 작성해야 한다.

머리말(서론)은 본인의 논문을 소개하는 부분이다. 어떤 주제를 연구했으며, 연구하게 된 배경과 목적, 선행연구분석, 연구구성, 방법 등을 제시하는 도입부의 성격이다. 머리말은 논문 쓰기의 시작이면서 끝이기도 하다. 논문을 쓰기 시작할 때 가장 먼저 머리말을 충실하게 작성해야 한다. 그래야 연구자 스스로가 논문을 쓰는 목적과 방향성을 명확하게 할 수 있다.

그러나, 논문은 써나가는 과정에서 새로운 자료의 보완과 분석 방법에 따라 그 내용이 조금씩 수정되어 간다. 따라서 논문을 완성한 후 맨 마지막에 실제 집필된 내용에 맞춰 머리말을 최종적으로 수정하는 작업이 필요하다. 머리말 부분만 읽어봐도 보통 해당 논문의 내용과 완성도를 어느 정도 예상할 수 있다. 머리말이 두서가 없고 연구 목적이 분명하지 않으면, 논문에 대한 신뢰도가 떨어진다. 가장 정성을 들여서 집필하고 교정작업을 해야 하는 부분이 머리말과 맺음말(결론)이다. 일반적으로 머리말과 맺음말이라고 표시하는데, 서론과 결론으로 쓰기도 한다. 요즘은 아예 구체적인 제목을 제시하여 머리말의 제목으로 사용하기도 한다.

맺음말(결론)은 논문의 성과를 갈무리하는 부분이다. 자연과학이나 공학 쪽에서는 본론에서 실험과정을 소개하고, 결론에서 실험의 결과를 정리하는 방식으로 논문을 구성하는

게 일반적이다. 반면, 역사 학위논문에서는 맺음말에 본 논문의 연구성과를 요약해서 제시하고, 연구사적 의미와 앞으로의 과제 등을 서술하면서 글을 마무리하는 방식을 선호한다. 학술지의 경우는 분량을 줄이기 위해 성과 요약은 생략하고, 연구의 의미를 정리하는 방식으로 서술하기도 한다.

주석은 본문에 대한 보충 설명이나 인용문의 출처를 밝히는 역할을 한다. 주석을 다는 방법도 몇 가지 원칙이 있다. 역사 논문에서는 해당 부분(단어나 문장) 번호를 달아서 해당 페이지 하단에 내용을 서술하는 '각주(脚註)' 방식이 일반적이다. 반면 사회학 분야 논문에는 본문의 문장 뒤에 가로를 넣고 바로 출처와 인용 자료의 내용을 밝히는 '내주(內註)' 방식의 서술을 선호한다. 반면 본문에는 주석이 필요한 부분에 번호만 달고, 관련 설명은 논문의 끝에 한꺼번에 정리하여 소개하는 방식도 있다. 이를 '미주(尾註)'라고 한다. 논문 작성에 가장 많이 사용하는 한글 워드프로세서에는 각주와 미주 작성 기능이 포함되어 있으니 이를 이용하면 된다. 다만, 대학이나 학술지에 따라 각주를 다는 방식이 다르므로 지침의 기본 양식을 참조하여 정리하는 것이 필요하다.

도표는 분석할 대상이나 분석의 결과를 통계적으로 정리하여 보여주는 데 활용한다. 점차 역사 논문에서도 단순한 텍스트 서술에서 벗어나 통계 자료를 많이 제시하고, 이를 좀 더 구체적으로 분석하는 방식으로 논문의 패턴이 발전하고 있다. 기본적으로 연구자가 분석할 자료 가운데 주요 목록을 보여주거나, 세부 주제에 대한 통계를 이해하기 쉽게 제시하는 데 활용한다. 석사와 박사학위 논문의 경우에는 목차 다음에 도표나 그림의 목차를 별도로 삽입하는 것이 일반적이다.

그림은 논문의 논리 전개와 분석에 필요한 이미지 자료에 해당한다. 보통 그림이나 사진이라는 이름으로 일련번호를 붙여서 제시한다. 조선 시대의 지도나 근현대의 사진 자료 등이 주로 활용된다. 지리적인 부분이나 공간 특성, 문화유적의 형태, 경관 비교 등을 분석하는 데 유용하다. 도표나 그림이 제시된 경우에는 반드시 그에 대한 분석적 서술이 동반해야 한다. 아무 의미 없이 그림만 제시되고 그에 대한 분석이 없으면 안 된다. 뭔가 자료가 제시되면 반드시 그 자료를 언급하면서 분석하는 내용이 들어가야 하는 것이 논문의 체계이다.

참고문헌은 논문을 작성하는 데 연구자가 참고하거나 활용한 자료를 종합적으로 보여주는 것이다. 주석을 통해서 주요 자료가 제시되지만, 논문의 끝에 별도로 참고문헌이 정리되어 있어야 한다. 학술지 논문의 경우는 직접 글을 쓰는 데 활용한 자료 위주로 정리하는 것이 일반적이다. 학위논문의 경우는 연구자가 참조한 자료를 폭넓게 유형별로 구분해서 제시한다. 이는 학위논문의 성과에 대해서 객관적으로 검증할 수 있는 자료를 제공한다는 의미도 담겨있다.

인준서는 학위논문에 필요한 부분이다. 학사 논문의 경우는 별지로 제출하는 경우가 일반적이고, 석사 이상의 학위논문에서는 목차 앞에 인준서 부분이 같이 들어가게 된다. 석사학위 논문은 3인의 심사위원 도장을 찍고, 박사학위 논문은 5인의 심사위원 도장을 찍는다. 논문의 최종본을 제본하여 심사위원에게 직접 찾아가서 인준 도장을 받는 것이 기본 절차이다.

이상에서 설명한 논문의 구성 요소에 대한 기본적인 이해를 바탕으로 글쓰기를 시작하는 것이 좋다. 항목별로 구체적인 작성 요령은 이 책의 3장 실습 각 부분에 상세히 서술된 내용을 참조하기 바란다.

# 2.2 어떤 논문을 쓸 것인가에 대한 고민

논문 쓰기를 위한 첫 번째 단계는 어떤 논문을 쓸 것인지를 고민하는 것이다. 이는 논문 기획에서 가장 중요한 과정이며, 목표를 설정하기 위해 신중하게 접근해야 하는 부분이다. 논문을 쓰기 위해서는 자신에게 맞는 주제의 선정이 매우 중요하다. 이는 개인의 선호도와 관련이 있으며, 결국 논문을 쓰는 목적과 개인의 역량과도 관련이 있다. 무엇보다 논문은 스스로 흥미를 느껴야 하고, 분석할 관련 자료 수집이 가능해야 한다.

어떤 논문을 쓸 것인가를 결정하기 전에 다음의 6가지 사항을 스스로 고민해보자.

① 논문을 쓰려고 하는 목적? 졸업 OR 연구 경험
② 수업 과정에서 가장 흥미를 느꼈던 주제는 무엇?
③ 기존 제출 보고서 중 수정 보완이 가능한 주제 검토
④ 이 주제에 대한 연구가 왜 필요한가?
⑤ 이 주제에 대한 기존의 연구성과 살펴보았는가?
⑥ 관심 있는 주제에 대해 기초자료가 있는가?

## 논문을 쓰려고 하는 목적?, 졸업 OR 연구 경험

가장 먼저 자신이 논문을 쓰려는 목적을 스스로 생각해보자. 어색한 질문 같지만, 역사 전공을 선택하여 대학에 들어왔다고 해도 전체 학생들이 전공 공부를 지속하는 것은 아니다. 또한, 졸업 후 전공을 살려 취업을 하거나, 대학원에 진학하는 비율이 높지 않다. 때문에, 졸업을 위한 의무조건을 채우기 위해 논문을 쓰려고 하는 것인지, 전공자로서 자신의 논문 한 편 정도 써보는 연구 경험을 가져보고 싶은지 스스로 의지를 자문해봐야 한다.

논문을 지도하는 교수도 이러한 부분은 중요한 고려 대상이 된다. 그래도 뭔가 제대로 된 논문 한 편을 써보려고 하는 학생의 의지가 느껴진다면, 교수 역시 그에 맞는 시간과 성의를 투자하여 논문을 지도하기 마련이다.

## 수강 과정에서 가장 흥미를 느끼는 주제가 무엇이었나?

논문의 흥미를 느끼는 주제가 무엇인가 스스로 질문하고 답변해 보는 과정이 필요하다. 대학에 입학하여 4학년이 되기까지 여러 전공과목을 수강하게 되는데, 본인이 가장 재미

있게 들었던 과목과 주제를 떠올려 본다. 논문을 쓰는 것은 시간이 오래 걸리고 꾸준히 노력해야 하는 작업이다. 스스로 재미를 느끼지 못하면, 최종 완성까지 가는 과정에서 포기하게 되는 경우가 생긴다.

석사 이상의 학위과정도 다르지 않다. 입학하면서 구체적인 주제를 정하고 들어가는 사람은 매우 소수이다. 대학원 과정의 수업을 듣고 관련 과제물을 작성하면서 가장 흥미를 느꼈던 분야에서부터 자신의 학위논문 주제를 찾아보는 것이 좋다. 물론 석사학위부터는 자신이 어떤 연구자가 되고 싶은지에 대한 전공 분야를 멀리 내다보고 선정하는 자세도 매우 중요하다.

## 기존 작성 과제물 중 수정 보완이 가능한 주제 검토

어떤 논문을 써야 할지 감이 안 오고, 암담하게 느껴질 때는 그동안 수강했던 과목에서 본인이 작성했던 과제물을 떠올려 보자. 지금까지 제출했던 과제 중에 그래도 가장 정성을 다해서 만들었던 리포트가 무엇이었는지 먼저 검토해 보는 것이다. 본인도 정성을 들였고, 해당 과목의 교수도 좋은 평가를 해준 리포트가 있다면 졸업 논문 작성에 유용한 재료가 될 수 있다. 당연히 본인이 제출한 리포트는 소중하게 관리를 해야 한다. 언제든지 꺼내보고 그중에 가장 충실하게 작성된 리포트를 졸업 논문으로 발전시키는 전략이 가장 현실적인 접근법이다. 리포트를 논문의 형식에 맞게 문제의식과 참고자료를 더 보완하고, 본문을 좀 더 자세히 서술해 보는 방식으로 논문의 골격을 작성해보는 것이다.

석사학위 과정생들도 수업 과정에서 작성하는 과제물을 가능한 본인이 쓰려고 하는 학위논문의 주제와 연계하는 전략이 필요하다. 과제물 작성에서 찾은 자료들이 나중에 실제 학위논문 집필에서 유용하게 활용된다.


## 이 주제에 대한 연구가 왜 필요한가?

논문은 기본적으로 연구의 필요성이 있어야 한다. 본인이 논문을 쓰고 싶은 주제가 생겼다면, 먼저 기존에 그 주제와 관련된 논문이 있는지를 검토해 보아야 한다. 사실, 대학생에게 연구 필요성 부분까지 요구하는 것은 어려운 일이다. 그러나, 논문을 쓰는 일련의 과정에서 가장 살펴야 하는 필수 조건이 내 글의 가치와 필요성이다. 기존의 성과를 분석해보면 자신이 써보려고 하는 주제와 완전히 일치하는 논문이 있

을 수도 있고, 비슷하지만 조금 다른 방식의 논문도 확인될
것이다.

선행연구성과를 충분히 살펴보지 않으면 불필요한 시행착
오를 겪을 수 있다. 논문 주제를 선정하는 과정에서 막연히
주제만 고민하다가 선행연구를 살피지 않은 채 관련 자료를
찾기 위해 많은 시간을 소모하기도 한다. 막상 완전히 똑같
은 주제의 논문이 이미 발표되어있는 것을 뒤늦게 발견하게
되면 불필요한 시행착오를 겪는 것이다.


## 논문 사이트 활용하기

본인이 작성하고 싶은 주제와 관련하여 기존의 연구성과를
살펴보기 위해서는 학술논문을 제공하는 인터넷 사이트를 활
용해야 한다. 아래와 같은 사이트가 대표적이다. 더 자세한
정보는 이 책의 4부를 참조하기 바란다.

[논문 사이트]
- KISS  http://kiss.kstudy.com
- RISS 학술연구정보서비스 http://www.riss.kr
- DBPIA  http://www.dbpia.co.kr

이러한 사이트에서 국내에서 발간되는 학술논문을 검색하고 논문(pdf) 파일을 받을 수 있다. 논문 파일 받기는 유료로 제공되지만, 대개 대학 차원에서 협약이 맺어져 있기 교내 회선을 사용하거나 학교 도서관에서 발급받은 아이디를 사용하면 무료 이용이 가능하다.

논문 사이트를 이용하여 본인이 생각하고 있는 논문의 유사 제목과 키워드를 검색하면 선행연구의 성과들을 파악할 수 있다. 특히 대학생이 논문을 쓰기 위해서는 기존에 어느 정도 선행연구성과가 있는 주제들이 접근하기에 편리하다. 선행연구성과들을 분석한 후 자신이 몇 가지를 자료를 더 추가하고, 서술을 보완하는 방식이 대학생 졸업 논문 작성의 지름길이다.

어떤 주제에 대한 문제의식을 지니고 관련 선행연구성과를 찾아봤는데, 참고할 만한 논문이나 단행본 등이 아예 없을 수도 있다. 그렇다면 연구의 필요성은 있지만, 자료를 발굴하고 분석하는 데 훨씬 더 시간과 노력을 투자해야 하는 부담감이 생긴다. 때문에, 논문을 기획할 때는 선행연구성과가 어느 정도 있는 주제를 선택하는 것이 효율적이다. 반면 기존에 선행 연구성과가 전혀 없다면 그만큼 자신이 집필하는 논문의 가치는 더 올라간다.

## 관심 있는 주제에 대해 기초자료 검색해보기

관심이 가는 대략의 주제를 파악했다면, 그다음에는 관련 기초자료를 검색해봐야 한다. 최근에는 인터넷에 다양한 역사자료 사이트가 구축되어 관련 정보에 접근하기가 편리해졌다. 연구자료들이 계속 업데이트가 되고, 새로운 자료들이 축적되고 있다. 때문에, 디지털화되어 있는 역사정보 사이트만 잘 활용해도 논문을 작성하는 데 필요한 기초자료를 확보하는 것이 가능하다. 기본적으로 참고할 만한 역사 관련 사이트에 대한 정보를 파악해 놓는 것도 자료 수집의 역량을 강화하는 지름길이 된다. 역사연구자가 활용하기 좋은 유용한 사이트의 목록은 이 책의 4장에 별도로 소개해 놓았다.

선행연구성과를 검색했더니 참고할 만 논문들도 보이고, 관련 기초자료도 몇 가지 눈에 띄는 자료들이 보인다면 논문을 쓸 수 있는 기본 준비를 마친 셈이다.

## 2.3 논문계획서 작성하기

논문을 작성하기 위해서는 사전에 논문계획서를 제출해야 한다. 목포대학교 대학생의 경우는 7학기를 마치고, 최종학기의 초반에 제출하게 되어있다. 조기 졸업 예정자는 6학기를 마친 후 다음 학기에 제출해야 한다. 복수, 연계 전공 이수자도 의무적으로 졸업 논문 작성 대상이 된다.

대학원생의 경우는 연구계획서와 '학위논문 연구윤리 준수 확인서'를 작성하여 함께 제출해야 한다. 석사과정은 3학기 초에, 박사과정은 4학기 초에 학과에 제출한다. 물론 석사학위 이상은 외국어 시험과 전공 종합시험에 합격해야만 학위논문의 심사를 받을 수 있는 자격이 생긴다.

논문계획서는 각 대학 해당 학과의 서식에 맞춰 작성한 후 학과 조교에게 제출한다. 기본적으로 연구 주제, 목적과 필요성, 연구 내용과 범위, 연구 일정, 연구 방법, 예상 목차 등의 내용이 포함된다. 참고로 목포대학교 사학과에서 사용하는 졸업논문계획서 기본 서식을 제시하면 다음 〈표 2〉와 같다. 채워야 할 내용은 어느 정도 자유롭게 조정해서 더 늘려도 된다. 사전에 지도교수와 면담을 통해 어떤 주제로 논문을 쓸 것인지에 미리 상담한 후 그 내용을 중심으로 기본 내

용을 채우는 것이 좋다. 계획서를 작성한 후 맨 아래에 지도
교수의 확인 도장을 받아서 제출하는 방식이다.


<표 2> 졸업 논문계획서 기본 양식

| 소      속 | | | | | | | | | | | | | |
|---|---|---|---|---|---|---|---|---|---|---|---|---|---|
| 성      명 | | | | | 학      번 | | | | | | | | |
| 제      목 | | | | | | | | | | | | | |
| 연구목적 | | | | | | | | | | | | | |
| 연구방법 | | | | | | | | | | | | | |
| 과정 　월별 | 1 | 2 | 3 | 4 | 5 | 6 | 7 | 8 | 9 | 10 | 11 | 12 | |
| 연구일정 | | | | | | | | | | | | | |
| 참고문헌 | | | | | | | | | | | | | |

지도교수 :      (인)


'제목'에는 논문의 주제에 해당하는 임시 제목을 적는다.
최종 논문과 제목이 정확하게 일치하지 않더라도 대략 유사

한 제목이 되도록 적어야 한다. 논문의 제목이 크게 달라진 경우는 나중에 수정된 졸업논문계획서를 별도로 제출하여 행정적으로 승인받는 절차를 거쳐야 한다. 제목은 지나치게 광범위하거나 추상적으로 적는 것은 바람직하지 않다. 가능한 세부 주제로 집중해서 제목을 제시하는 것이 좋다.

'연구목적'에서는 본인이 이 주제를 선정하게 된 동기와 어떤 목적으로 연구를 진행할 것인지에 대해서 밝힌다. 실제 논문 쓰기에서는 머리말에 포함되어야 할 내용이다. 미리 간략하게 요약해서 적어본다는 느낌으로 제시하면 된다.

'연구방법'은 논문에서 다루게 될 연구의 내용과 범위를 서술하는 것이다. 구체적으로 어떤 방법으로 논문을 완성해 나갈 것인지에 대한 계획을 적는다. 대표적인 분석자료(기본 텍스트)가 있다면 그 제목을 제시하고, 기타 면담 조사계획이나 현장 답사 등의 계획도 포함하여 적는다. 필요한 자료를 어떻게 수집할 것인지에 내용도 들어가는 것이 좋다. 가장 이상적인 것은 이 부분에 본인 논문의 예상 목차를 제시하는 것이다. 당연히 실제 논문을 쓰는 과정에서 수정되겠지만, 미리 계획서를 수립하는 과정에서 고민을 담아서 목차를 적어보는 것이 필요하다. 목차 작성을 예상 수준에서라도 작성해 보면 논문의 흐름과 구성에 대해서 스스로 한번 생각해보는 계기가 된다.

'연구일정'은 논문의 주제를 기획하고, 자료 수집, 분석, 수정 보완하는 전체적인 과정을 대략 적는 것이다. 다소 형식적인 부분일 수 있지만, 실질적으로 자신의 일정을 세워놓고 그에 맞춰서 논문 쓰기를 진행하면 효율성을 높일 수 있다.

'참고문헌'에는 이 논문을 작성하는데 학습하고 활용할 기본적인 자료들을 제시한다. 너무 많이 쓸 필요는 없지만, 지도교수가 해당 학생이 미리 자료를 찾아봤는지를 확인할 수 있는 부분이다. 참고문헌이 제대로 제시되어 있지 않으면, 논문 주제에 대한 사전 조사가 전혀 되지 않았다고 판단하게 된다. 때문에, 해당 주제의 선행연구성과나 분석에 필요한 기초자료 등을 미리 찾아보는 최소한의 성의가 필요하다.

논문계획서와 실제 작성 논문의 내용은 달라질 수 있다. 대부분은 논문 쓰기의 실제 과정에서 제목과 목차가 수정된다. 그러나, 논문의 주제와 목차와 완전히 기존 계획서와 완전히 새롭게 달라지는 경우는 미리 지도교수와 상의하여 졸업 논문수정계획서를 반드시 제출해야 하는 것이 행정절차이다. 다음 〈표 3〉과 〈표 4〉는 사학과 대학생의 졸업 논문 작성계획서의 사례이다. 도표 안에 들어가는 표의 분량과 참고문헌은 조정이 가능하다. 어떤 방식으로 내용이 채워져 있는지 살펴보기 바란다.

## 〈표 3〉 졸업 논문계획서 작성 사례 1

| 제 목 | 개항기 목포 일본영사관의 운영현황과 특징 |
|---|---|
| 연구목적 | 목포 일본영사관은 1897년 목포 개항 후 설치되었고, 1906년 이사청이 설치되기까지 약 10년 동안 운영되었다. 목포는 국내 개항장 가운데 최초로 각국거류지 하나만 설치되었다는 면에서 기존 개항과는 차별성이 있다. 그래서 일본영사관의 역할이 매우 중요했다. 한국근대사와 목포지방사 측면에서 중요한 근대기관이지만, 목포일본영사관에 대한 관련 연구가 전무하기 때문에 운영현황과 특징을 중심으로 정리하고자 한다. |
| 연구방법 | 이 논문을 완성하기 위해 당시 무안감리가 조정에 올린 보고서를 모은 『무안보첩(務安報牒)』과 일제강점기 목포부청에서 발간한 『목포지(木浦誌)』, 『목포부사(木浦府史)』, 1897~1906년 일본영사관이 존속했던 시기 『대한매일신보』, 『독립신문』, 『황성신문』의 기사들을 분석한다. 또한, 일본공사가 일본 외무성에 올린 보고서를 모은 『주한일본공사관기록(駐韓日本公使館記錄)과 영사가 외무성이 올린 보고서인 『통상휘찬(通商彙纂)』의 내용을 활용한다. 현존하고 있는 구 목포 일본영사관에 대한 답사도 병행하여 영사관의 입지 조건과 공간적 특징을 함께 분석하고자 한다.<br>이 논문의 예상 목차는 다음과 같다.<br>1. 머리말<br>2. 목포 일본영사관의 설치와 청사 건립과정<br>3. 목포 일본영사관의 운영 양상<br>4. 목포 일본영사관의 특징<br>5. 맺음말 |

| 월별<br>과정 | 1 | 2 | 3 | 4 | 5 | 6 | 7 | 8 | 9 | 10 | 11 | 12 |
|---|---|---|---|---|---|---|---|---|---|---|---|---|
| 연구일정 | 1~6월: 연구 자료 수집,<br>7월: 기본 제목과 목차 구성<br>8월: 선행연구 분석과 머리말 작성<br>9월: 본론의 2,3장 작성<br>10월: 4장과 맺음말 작성<br>11월: 논문 초안 검수 및 수정작업<br>12월: 최종 수정 후 논문 제출 | | | | | | | | | | | |
| 참고문헌 | 〈사료〉<br>『무안보첩(務安報諜)』, 『목포지(木浦誌)』, 『목포부사(木浦府史)』,『주한일본공사관기록(駐韓日本公使館記錄)』, 『통상휘찬(通商彙纂)』<br><br>〈논문〉<br>최보영, 「개항기(1876~1906) 주한일본영사(駐韓日本領事)의 활동과 한국인식」, 박사논문, 동국대 대학원 사학과, 2018.<br>김연지, 「『통상휘찬-주한일본영사관보고』 한국편의 체제 검토와 사료적 가치」, 지방사와 지방문화 19권 1, 역사문화학회, 2016.<br>민회수, 「대한제국기 무안감리 진상언의 반침략 외교활동」, 역사학연구, 77권 0, 호남사학회, 2020.<br>최보영, 「개항기(1880~1906) 부산주재(釜山駐在) 일본영사(日本領事)의 파견과 활동」, 한국 근현 대 사 연구, 81, 한국근현대사학회, 2017.<br><br>(지면관계상 이하 생략함) | | | | | | | | | | | |

## 〈표 4〉 졸업 논문작성 계획서 사례 2

| 제　목 | 목포 개항 후 양동교회의 설립과 운영 |
|---|---|
| 연구목적 | 　이 논문의 목적은 전남 최초의 교회인 목포 양동교회의 설립과정과 운영양상을 살피는 것이다. 세부적인 연구 방향은 다음 세 가지와 같다. 첫째는 개항 후 목포에 들어온 외래종교의 유입양상에 대한 분석이다. 근대기에 어떤 종교들이 항구도시 목포에 들어왔는지를 통해 일제강점기 근대도시 목포의 종교 관련 사회상을 종합적으로 살피고자 한다. 둘째는 양동교회의 설립과정과 예배당 신축에 대한 내용이다. 구체적으로 양동교회가 언제 설립되었는지, 교회 입지 조건, 예배당 신축과 관련된 과정 등을 실증할 수 있는 기록물을 토대로 살펴보겠다. 셋째는 양동교회의 운영과 사회적 기능 부분이다. 선교사들이 설립한 이후 실제 양동교회의 운영 상황과 변천 과정을 살피고, 양동교회가 근대도시 목포 미친 사회적 영향이 무엇인지 그 특징을 분석해보고자 한다. |
| 연구방법 | 　위와 같은 연구목적을 달성하기 위해 다양한 사료를 비교 분석하겠다. 본 연구를 진행하는 데 가장 중심이 된 것은 당시 선교사들이 남긴 기록물들이다. 유진벨 선교사 등이 보고한 편지 등의 내용을 통해 구체적인 사실관계를 확인해보겠다. 이와 관련하여 목포교회사연구소에서 자료집으로 묶은 『목포기독교사료집(1)』을 주요 분석 자료로 삼았다. 일제강점기 전반의 상황을 살펴보기 위해서 근대 신문기록을 꼼꼼하게 분석하고자 한다. 이외에 일본인들이 발간한 지방지인 『木浦誌』(1914)와 『木浦府史』(1930), 무안감리서와 중앙관청 사이에 오고 간 행정문서를 담은 『務安報牒』(1897~1906) 등 당대 기록물도 검토한다. 또한, 최근 발간된 『목포시사』(2017)와 기존에 발간된 『목포개항백년사』(1997)와 『목포시사』(1994)를 비롯하여 교회 측에서 『목포양동교회100년사』 등을 기초자료로 분석한다. 양동교회의 공간적 특징을 살피 |

| | 기 위해서 지도 자료도 활용하고, 양동교회를 비롯한 주요 유적지의 현장 답사를 진행한다.<br>  이 논문의 예상 목차는 다음과 같다.<br>1. 머리말<br>2. 목포 개항 후 외래종교의 유입양상<br>3. 양동교회의 설립과 예배당 건축과정<br>4. 양동교회의 운영과 사회적 기능<br>5. 맺음말 | | | | | | | | | | | |
|---|---|---|---|---|---|---|---|---|---|---|---|---|
| 월 별<br><br>과 정 | 1 | 2 | 3 | 4 | 5 | 6 | 7 | 8 | 9 | 10 | 11 | 12 |
| 연구일정 | 3월~8월: 자료 수집 및 선행연구 분석<br>9월 : 논문 1차 퇴고<br>10월 : 자료 보완 및 2차 퇴고<br>11월 : 자료 보완 및 3차 퇴고<br>12월 : 논문 제출 | | | | | | | | | | | |
| 참고문헌 | 〈사료〉<br>木浦誌編纂會, 『木浦誌』, 1914.<br>木浦新報社, 『(開港滿三十五年紀念)木浦寫眞帖』, 1932.<br>木浦商業會議所, 『統計年報』, 1935.<br>목포기독교역사연구소 역, 『목포기독교사료집(1)』, 2016.<br>『東亞日報』, 『朝鮮日報』, 『每日申報』<br><br>〈논문〉<br>김태웅, 「해항도시 목포의 외래종교의 유입과 토속화 과정 연구」, 『해항도시문화교섭학』, 13, 한국해양대학교 국제해양문제연구소, 2015.<br>문백란, 「근대기독교 유입의 여러 갈래 : 한말 미국 개신교 계의 한국인식과 선교 -The Missionary Review | | | | | | | | | | | |

of the World에 나타난 한,중,일 인식 및 선교 비교-」, 연세대학교 국학연구원, 동방학지 171권, 2015.

박현옥, 「근대 해양도시의 종교문화 교류-근대목포의 해양도 시를 중심으로-」, 『일본연구』, 16, 부산대 일본연 구소, 2015.

송오식, 「목포 근대기독교역사와 문화유산」, 종교문화학보 16권 1호, 2019.

송현강, 「미국 남장로교 한국선교부의 목포 스테이션 설치와 운영(1898-1940)」, 『종교연구』, 53, 한국종교학 회, 2008.
「미국남장로교선교부의 유산」, 기독교사상 701, 2017.

이경화, 「일제강점기 목포 유달산의 弘法大師像과 88靈場」, 『동북아역사논총』, 47, 동북아역사재단, 2015.

이재근, 「목포지역 3·1운동과 개신교: 목포양동교회·정명여학 교·영흥학교의 만세시위 참여를 중심으로」, 『한국 기독교와 역사』, 50, 한국기독교역사학회, 2019.

최성환, 「1919년 목포 4.8독립만세운동의 전개과정과 주요 인물」, 『한국학연구』, 69, 고려대학교 한국학연구 소, 2019.

최성환, 「목포의 海港性과 개항장 형성과정의 특징」, 『한국민 족문화』 39, 2011.

최진성, 「종교의 장소성과 선교전략 : 일제강점기 목포를 사례로」, 『문화역사지리』, 19(1), 한국문화역사지리 학회, 2007

〈 단행본 〉

고석규·박찬승 역, 『무안보첩』, 목포문화원, 2002.

김수진·목포양동교회100년사편찬위원회, 『양동제일교회100 년사:1897-1997』, 쿰란출판사, 1997.

김수진, 『목포지방기독교100년사:목포노회 창립 50년사』, 대한예수교장로회 목포노회, 1997.

김정섭 역, 『완역 목포부사』, 목포문화원, 2011.

김정섭 역, 『목포지』, 향토문화사, 1991.

김양호, 『목포 기독교 이야기』, 세움북스, 2016.

김양호, 『전남 기독교 이야기1』, 세움북스, 2019.

김현삼, 『木浦竹洞教會史料』, 목포죽동교회, 1992.

목포개항백년사편찬위원회, 『목포개항백년사』, 목포백년회, 1997.

목포시, 『목포시사:인문편』, 목포시청, 1994.

목포시사편찬위원회, 『목포시사:다섯마당』, 2017.

목포양동교회100년사편찬위원회,『목포양동교회100년사 (1897~1997)』, 목포양동교회, 1997.

양세훈, 『목포사감』, 자유신문사목포지사, 1955.

차종순, 『湖南教會史研究』, 호남교회사연구소, 1995.

한글학회, 『한국지명총람』 14-2 전남편, 1988.

이제 석사 학위 이상의 논문계획서를 살펴보자. 일반적으로 다음 같은 양식의 학위청구논문 연구계획서를 작성하여 제출하여야 한다. 기본적으로 대학생 논문계획서와 유사하지만, 목차 부분이 꼭 들어가도록 항목이 별도로 정해져 있다. 대부분 대학의 기본 양식은 2장으로 되어있는데, 다음 〈표 5〉는 한 장으로 축약하여 참조용으로 제시한 것이다. 분량은 자유롭게 조정해서 늘리면 된다.

<표 5> 학위청구논문 연구계획서 양식(석사 이상)

## 학위청구논문 연구계획서

1. 소　　속 : ○○대학교　　과정　　학과　　전공
2. 학　　번 :　　　　　　　　　(　　　학기차)
3. 성　　명 :　　　　　　　(한자 :　　　　　)
4. 지도교수 :
5. 논문제목 :
6. 연구목적 및 방법 :
7. 연구내용 개요
8. 논문의 잠정적 목차
9. 참고문헌 목록

\* 석사학위청구논문은 그 제목과 내용이 제출한 논문연구계획서
　와 부합하여야 하며, 부득이한 경우 반드시 대학원장의 승인
　을 얻어 제목을 변경하여야 함.

　　상기와 같이 석사학위청구논문 작성을 위한 연구계획서
를 제출하오니 승인하여 주시기 바랍니다.

　　　　　　　　　　20　년　　월　　일

　　　작 성 자:　　　　　　　(인)
　　　지도교수:　　　　　　　(인)
　　　주임교수:　　　　　　　(인)

○○대학교 대학원장 귀하

논문을 집필하려는 학생 중에 논문계획서 제출을 소홀히 다루는 사례도 있다. 논문계획서 작성은 좋은 논문을 작성하기 위한 첫걸음이다. 충실한 계획서를 작성하는 것이 논문을 집필하는 첫 단추를 올바르게 끼는 과정이 되고, 지도교수와 충분한 소통을 나눌 수 있는 매개체가 된다.

## 2.4 논문의 기본 양식

이제부터는 논문의 전체 구성을 미리 고려할 수 있도록 기본 양식에 대해 살펴보겠다. 일반적으로 대학생 졸업 논문은 본문의 세부적인 작성법과 관련하여 따로 규칙이 정해져 있지 않다. 때문에, 일반적인 논문작성 요령을 참조하여 집필하면 된다. 다만, 표지와 내표지의 경우는 기본 서식을 따라야 하므로 미리 확인할 필요가 있다. 목포대학교 사학과의 경우는 다음 〈표 6〉과 같은 양식을 현재 사용하고 있다.

〈표 6〉 학사 졸업 논문의 표지와 내표지 양식

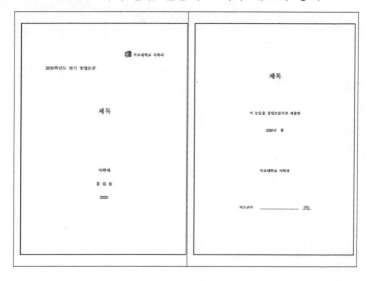

논문을 작성하는 방법에도 편집과 관련하여 정해진 원칙 같은 것이 있다. 석사 이상의 학위논문은 모두 전산화되고, 온라인을 통해 전국 도서관에서 열람할 수 있게 공개된다. 때문에, 거의 모든 대학에 논문작성법 관련 기본 요령이 정해져 있다. 예를 들면 목포대학교 대학원은 2019년에 개정된 「학위청구 논문작성 제출 및 심사에 관한 지침」에 이와 관련 사항이 정리되어 있다. 이 내용은 대학원 홈페이지를 통해 확인할 수 있다. 가끔 내용이 변경되는 경우도 발생하니, 학위논문을 작성하기 전에 먼저 확인해보는 과정이 필요하다. 대학생 졸업 논문도 대학원의 논문 작성지침을 참조하여 작성하면 된다. 목포대학교의 현재 논문 작성법 내용은 다음에 제시한 〈표 7〉과 같다.

〈표 7〉 학위청구논문 작성 요령

| |
|---|
| **제11조(학위청구논문 작성)** 학위(청구)논문 작성은 다음 요령에 의하여 하되, 작성 순서에 의하여 제책하는 것을 원칙으로 하며 본문이 영문인 경우에는 국문 초록과 영문 초록의 순서를 바꾸어 제책한다.<br><br>1. 규격은 A4(210×297mm)로 하며, 지질 80g 이상 백색모조지로 인쇄한다.<br><br>2. 작성순서 |

1) 표지 : 양식1(표지 상단에는 심사본은 학위청구논문으로,
　　　　최종논문은 학위논문으로 기재해야 함), 양식6
2) 내표지I : 양식1, 양식6
3) 내표지II : 양식2, 양식7
4) 목차
5) 국문초록 : 양식4
6) 본문
7) 참고문헌(References)
8) 영문 초록(Abstract) : 양식5
9) 부록

3. 본문 인쇄 (본 인쇄 규격은 흔글hwp 기준이며, MS Word 활용 가능)
1) 글꼴 : 논문전체 - 바탕, 논문제목 - HY견명조
2) 글자크기 : 1단으로 하고 인문사회계열과 자연계열을 구분하지 않고 11pt로 인쇄한다.(단, 각주는 9pt로 함)
3) 줄간격 : 200 %
4) 용지 여백(단 표지는 왼쪽과 오른쪽 여백을 같게 한다.)
   • 위　쪽 : 35　　　• 머리말 : 0
   • 왼　쪽 : 35　　　• 오른쪽 : 30
   • 아래쪽 : 25　　　• 꼬리말 : 15

5) 제목 번호를 기입할 때에는 다음과 같은 순서로 기입한다.
   • 국문 : 1. 가. 1) 가) (1) (가)
   • 영문 : 1. A. 1) a) (1) (a)

6) 사진은 원본의 색이 유지되도록 인쇄 또는 복사하여 제책한다.

7) 인쇄가 완료되면 논문심사위원의 최종 논문 인준 날인을 받아 제본한다.

(국문논문은 심사위원 인준 날인에 도장, 영문논문은 사인으로 한
다.)

8) 위 각 호에서 언급되지 않은 사항은 일반적인 학위 논문체제에
따른 인쇄 방법에 따른다.

〈표 7〉의 내용을 참조하여, 용지 여백, 줄 간격, 폰트 크
기 등을 설정한 후 문서를 작성하면 된다. 글꼴은 본문 바탕
체, 제목은 HY견명조로 지정되어 있고, 글자 크기는 본문
11포인트, 각주는 9포인트이다. 논문 쓰기를 처음 시작할 때
부터 이러한 기본 양식을 맞춰놓고 진행해야 편집도 편리하
고, 논문의 분량도 정확하게 확인하면서 서술할 수 있다.

석사 이상의 학위논문이나 전문 학술지 논문은 대부분 대
학이나 발행처에서 논문 작성법과 관련된 기본 원칙이 제시
되어 있다.

만약 대학교에 학위논문 작성과 관련해서 본인이 확인하고
자 하는 세부규칙이 따로 없다면 일반적인 논문 작성법에 맞
춰 요령껏 기술하면 된다.

**MEMO**

# 제 3 부

## 논문 쓰기 실습

# 3부 논문 쓰기 실습

## 3.1 논문 제목 작성의 기본

논문에서 독자가 가장 먼저 보게 되는 부분은 논문의 제목이다. 논문의 제목은 연구자가 작성한 해당 논문의 주제를 함축하여 표현한 것이고, 독자가 이 논문을 읽어보고 싶게 만드는 출발점이다. 논문을 쓰는 과정에서 제목은 여러 차례 변경되기도 한다. 논문 지도와 심사를 받는 과정에서 제목은 해당 연구의 가치가 잘 표현되도록 최후까지 수정작업을 거친다. 특히, 석사 이상의 학위논문에서는 심사위원들의 의견을 토대로 지도교수와 가장 마지막 순간에 확정하는 부분이 논문의 제목이다. 그만큼 쉬운 듯하지만, 어렵고도 신중해야 하는 부분이 논문의 제목을 결정하는 과정이다.

무엇보다 기존의 선행연구 논문과는 차별화되는 새로운 논문의 제목을 제시해야 한다. 대학생의 논문이라고 하더라도 이미 발표되어있는 다른 논문과 똑같은 제목을 사용하는 것은 올바르지 않다.

논문의 제목을 작성할 때 고민해야 할 때 기본 요령이 있다. 논문 제목을 구성하는 3요소가 포함되도록 작성하는 것이 가장 무난한 방식이다.


## 논문 제목의 3요소

논문 제목도 시대에 따라 그 표현 방식이 조금씩 달라지고 있다. 점점 딱딱한 제목보다는 좀 더 부드럽고 논문이 지닌 문제의식을 구체적으로 표현하는 제목을 설정하는 추세이다. 그렇다고 하더라도 기본기에 해당하는 원칙은 있다. 대학생 논문이나 학술논문을 처음 써보는 사람의 경우에는 더욱 그러한 원칙에 충실하게 작성하는 것이 좋다.

논문 제목의 3가지 요소는 '연구 시기', '연구 대상', '연구 목적'이다. 논문의 제목에서 이 3가지 요소가 들어가게 작성하는 것이다. 다음은 필자가 발표한 논문의 제목 6가지를 예시로 든 것이다.


[논문 제목 예시]

- 19세기 초 *문순득*의 **표류경험과 그 영향**
- 1919년 *목포 4·8독립만세운동*의 **전개과정과 주요인물**
- 러일전쟁기 *일본해군의 옥도 팔구포방비대* **설치와**

**활용**

- <u>일제강점기</u> *청산도 고등어 어업의* **실태와 영향**
- <u>육지면 보급 후 일제강점기</u> *목포항의* **기능과 영향**
- <u>광복이후</u> *비금도 대동염전* **개발과정과 사회적 가치**

  밑줄 친 부분은 연구 시기에 해당한다. 사선으로 표기한 부분은 연구의 대상이다. 굵은 색으로 표기한 부분은 연구의 목적이다. 예시 제목에는 공통으로 논문 주제의 연구 시기를 이해할 수 있는 정보가 들어가 있다. '19세기초', '1919년', '러일전쟁기', '일제강점기', '광복이후' 등의 방식으로 대상 연구 주제의 주요 분석 시기가 제목에서 드러나도록 하였다.

  시기에 이어지는 부분은 논문의 연구 주제이다. '문순득', '목포 4·8독립만세운동', '일본해군의 옥도 팔구포방비대', '목포항', '비금도 대동염전'이 연구 주제를 상징하는 키워드이다. 제목에서 제일 중요한 것은 연구 주제와 연결되는 연구 목적 부분이다. 연구 주제만으로도 다른 논문과 차별화될 수 있지만, 대부분은 연구 목적에서 달라진다. 예를 들면, 어느 연구자라도 '문순득 표류', '목포 4·8독립만세운동'을 자신의 연구 주제로 삼을 수 있다. 그러나 연구 목적에서는 차별성이 있어야 하는데, 논문 제목에 그러한 의도가 표현되어야 한다. 문순득의 표류를 연구 주제로 삼았다고 해도 '표류

경험과 그 영향'에 대해서 연구할 수도 있고, '표류과정과 송환체제'에 대해서도 연구할 수 있다.

논문을 처음 작성해보는 경우 심사과정에서 "제목에 연구 목적이 잘 드러나지 않는다"는 지적을 받는 경우가 많다. 이상에서 제시한 제목의 3요소를 포함하는 기본기를 잘 지킨다면 그러한 시행착오를 줄일 수 있다. 또한, 제목이 효율적으로 제시되어 있으면, 그에 따른 목차를 구성하는 것도 훨씬 편해진다.


## 기타 논문 제목 작성에서 고려할 점

논문 제목을 작명하는데 꼭 지켜야 할 불변의 원칙은 없다. 다만, 다음과 같은 사항을 염두에 두고 작성하는 것이 필요하다.

[논문 제목 작성의 유의사항]
- 제목이 가치를 결정하고, 독자의 흥미를 유발
- 논문 제목은 세부 목차의 장 제목이 반영되어야 함
- 너무 광범위한 주제나 연구 목적이 모호한 제목은 좋지 않음

- 제목은 학사, 석사, 박사 등 학위 성격에 따라
  스케일이 달라짐

제목이 자신이 연구한 논문의 가치를 결정하며, 또한 읽는 이의 흥미를 유발하는 요소가 된다는 점을 고려해야 한다. 제목만 보고도 "이런 연구가 있구나!", "새로운 연구 주제다!"는 느낌을 줄 수 있어야 한다. 물론 대학생 입장에서는 기존에 연구되지 않은 새로운 논문 제목을 정하는 게 쉽지 않다. 그러나, 논문 제목의 작성도 하나의 스토리텔링 작업이다. 자신의 글을 읽어 줄 독자를 염두에 두고 전달하고자 하는 메시지가 잘 표현된 제목을 작성해보면 좋겠다.

역사 논문도 하나의 과학이라고 하는 이유는 논리를 뒷받침하는 체계 때문이다. 그 체계의 기초는 제목과 논문의 목차가 조화를 이루어야 한다는 점이다. 심사과정에서 "세부 목차와 제목이 일치하지 않는다"는 지적을 받지 않기 위해서는 본인이 작성한 논문 제목이 세부 목차에도 잘 표현되어야 한다. 예를 들면, 제목에 '특징'이라는 단어가 들어가면, 세부 목차에도 '특징'이라는 장의 제목이 포함되는 것이 좋다. 논문 제목은 '특징'인데, 장의 제목에는 '기능'이라고 표기하는 것은 옳지 않다. 본인의 논문 2장 제목에 '성격'이, '3장' 제목 '기능'이 들어갔다면, 논문의 제목에 '성격과 기능'이라는 단어가 들어가는 것이 바람직하다는 의미이다.

　너무 광범위한 주제나 모호한 제목은 좋지 않다. 예를 들 아 『조선시대 표류 연구』 이러한 제목은 너무 광범위한 주제 가 된다. 시대도 구체적으로 접근하는 것이 좋고, 표류도 누 구의 표류인지, 어느 지역의 표류인지, 표류 연구에서도 어떤 부분을 밝히려고 하는지 표현하는 것이 좋다.

　논문 제목에 필요에 따라서는 부제를 사용하는 사례도 있 다. 그러나 학사학위 논문에서는 가능한 부제를 사용하는 것 보다는 제목의 3요소를 활용하여 구체적으로 적어주는 것이 좋다. 조금만 더 고민하면 굳이 부제를 사용하지 않고도 자 신의 논문 주제를 구체적으로 작성할 수 있다. 다음의 예시 를 살펴보자.


　[논문 제목 부제의 불필요한 사용 예시]
　▪ 부제사례: 일제강점기 3.1운동의 전개과정
　　　　　　　-전남지역을 중심으로-
　▪ 권장사례: 일제강점기 전남지역 3.1운동의 전개과정


　위의 예시문처럼 굳이 부제를 사용하지 않아도 되는 방식 으로 논문의 제목을 작성해보는 연습이 필요하다.

　자신의 학위가 학사, 석사, 박사인지 여부에 따라 논문 제

목의 범위를 조정하는 것이 필요하다. 당연히 박사 논문의 경우는 좀 더 넓은 범위를 제목을 설정해도 무방하지만, 학사 논문이라면 자신의 역량에서 다룰 수 있는 집중된 주제의 제목이 좋다. 다음 〈표 8〉은 역사 전공 졸업 논문의 제목을 학위별로 몇 가지 사례를 제시한 것이다.

<표 8> 학위용 논문 사례

| 구분 | 논문 제목 |
|------|-----------|
| 학사 | 진도 삼별초의 역사자원 활용방안<br>광해군대 화기도감의 운영과 그 의미<br>1920년대 항일운동 여성단체 근우회의 결성과 활동 |
| 석사 | 고려시대 나주목의 구성과 기능<br>박정희 정권기 중화학공업화 정책과 유신체제<br>고려후기 김주정 가계의 정치적 성장과 쇠퇴 |
| 박사 | 일제강점기 호남지역 소방조 연구<br>전근대 영산강 유역 포구의 역사지리적 고찰<br>고려선의 구조와 조선기술 연구 |

〈표 8〉의 논문 제목들이 어떤 방식으로 설정되었는지를 스스로 분석해보자. 위의 샘플 제목에 앞에서 설명한 논문 제

목의 3요소가 잘 반영되어 있는지 '연구 시기', '연구 주제', '연구 목적'으로 구분하여 확인해보자. 또한, 학위에 맞는 제목의 스케일이 제시되고 있는지 살펴보고, 자신의 논문 제목을 미리 고민해보면 도움이 될 것이다.

이제 다음 〈표 9〉 안에 자신의 논문 제목 초안을 떠오르는 데로 적어보자. 작성한 제목에 3가지 기본 요소가 반영되었는지 확인해보고, 그렇지 않다면 조금 더 고민하는 과정이 필요하다.

<표 9> 논문 제목 적어보기

| 구분 | 논문 제목 |
|------|----------|
| ○○ 학위 | |

## 3.2 목차 구성하기

논문의 제목과 함께 본문을 구성하는 세부 목차 작성에도 기획력이 있어야 한다. 목차가 어떻게 구성했는지 부분이 해당 논문이 논리적으로 잘 작성되었는지를 가늠하는 기본 척도가 된다. 목차 역시 학문의 분야에 따라 차이가 나는 데 가장 기본은 서론·본론·결론의 3단 구성이다. 흔히 서론과 결론은 머리말과 맺음말에 해당한다.

보통 역사 논문은 본론 부분에 이 논문에서 다루는 세부적인 주제를 몇 개의 장으로 구분해서 표현한다. 2개의 장으로 나눠서 전체를 4단 구성, 혹은 3장으로 나눠서 전체를 5단 구성으로 하는 방식이 일반적이다. 논문의 구성을 몇 장으로 해야 한다고 정해놓는 경우는 거의 없다. 자유롭게 구성하되 제목과 부합하는 세부 목차가 작성되어야 한다. 필요에 따라 본론 부분의 장을 더 늘려서 구성하는 것도 무방하다.

논문 구성의 가장 기본이 되는 4단 방식과 5단 방식을 사례로 살펴보겠다. 다음에 제시한 〈표 10〉은 논문의 본문 목차를 4단으로 구성한 사례이다.

<표 10> 논문 목차의 4단 구성 표준 사례

| 제목 | 일제강점기 청산도 고등어 어업의 실태와 영향 |
|------|----------------------------------------------|
| 목차 | 1. 머리말<br>2. 일제강점기 청산도 고등어 어업의 실태<br>3. 일제강점기 청산도 사회상에 미친 영향<br>4. 맺음말 |

〈표 10〉에서 제시한 논문의 제목은 「일제강점기 청산도 고등어 어업의 실태와 영향」이다. 제목에서 강조된 연구의 목적을 상징하는 키워드는 '실태와 영향'이다. 때문에, 2장의 제목은 '어업의 실태'에 초점이 맞춰져 있고, 3장에서는 '사회상에 미친 영향'에 초점이 맞춰져 목차가 구성되어 있다. 가장 단순하게 제목과 세부 목차의 내용을 일치시킨 사례이다. 그리 어렵지 않을 것 같지만, 실제 논문 초보자의 경우는 이렇게 논문 제목과 목차 제목이 연결되게 설정하는 과정에도 많은 시행착오를 겪게 된다.

4단으로 구성하는 것이 가장 간편하지만, 이렇게 하면 논리 전개를 할 때 배경 부분과 연구대상지에 대한 분석 부분이 다소 빈약해질 가능성이 있다. 그래서 5단 구성이 가장 일반적이고, 안정감 있게 논리를 전개할 수 있다.

다음 〈표 11〉은 같은 주제를 5단으로 구성했을 때의 예시이다.

〈표 11〉 논문 목차의 5단 구성 표준 사례

| 제목 | 일제강점기 청산도 고등어 어업의 실태와 영향 |
|------|------------------------------------------|
| 목차 | 1. 머리말<br>2. 19세기 말 ~ 20세기 초 청산도 어업 상황<br>3. 일제강점기 청산도 고등어 어업의 실태<br>4. 일제강점기 청산도 사회상에 미친 영향<br>5. 맺음말 |

이렇게 5장으로 구성하게 되면, 2장 부분에서 연구대상지의 공간적 특징이나 사회 흐름에 대해서 보다 구체적으로 집중 서술이 가능하다. 이는 논지를 전개하기 위한 기본적인 배경 분석의 기능을 하게 된다. 〈표 11〉의 경우 주 분석은 일제강점기의 청산도 고등어 어업이지만, 2장을 활용하여 그 직전에 상황이 어떠했는지 어업과의 관련성 등을 살피고 있다. 이를 통해 일제강점기에 어떤 특징으로 그 흐름이 연결

되고 변화하는지를 이해하도록 구성하는 것이 가능해진다.

〈표 11〉의 사례처럼 5장 구성에서 2장의 내용은 전반적이 배경이나 흐름을 살피는 목적으로 할애하는 것이 좋다. 이어서 실제 최근에 대학생들이 제출한 졸업 논문의 5단 구성 사례를 살펴보자. 다음 〈표 12〉는 일제강점기에 설립된 목포 지역의 고아원에 대한 논문이다.

〈표 12〉 목차의 5단 구성 사례 A

| 제목 | 일제강점기 목포 공생원의 설립과 운영 상황 |
|------|------------------------------------------|
| 목차 | 1. 머리말<br>2. 근대 시기 고아원의 설치 흐름<br>3. 목포 공생원의 설립 과정<br>4. 목포 공생원의 운영 상황과 특징<br>5. 맺음말 |

〈표 12〉 논문은 일제강점기 목포 공생원 설립과 운영 상황에 대한 분석이 연구의 중심이다. 3장과 4장에서 제목에 맞춰 각 장의 제목을 설정하였다. 2장의 경우에는 연구 주제인 목포 공생원을 이해하기 위해서 근대 시기 고아원이 국내에 어떻게 도입되고 전국적으로 설치되어 갔는지에 대한 전

반적이 흐름을 먼저 살펴보는 내용이다. 먼저 전국적인 기본 흐름을 살펴본 후 구체적인 연구 주제인 목포의 사례로 접근하는 방식으로 논문을 구성한 사례이다.

이러한 방식이 일반적이지만 2장의 내용을 반드시 전반적인 상황에 살피는 내용을 채울 필요는 없다. 연구 주제와 관련하여 전체적으로 기승전결이 되게 구성하는 것이 가장 효과적인 체계 구성이다. 다음 〈표 13〉의 사례를 보자.

〈표 13〉 목차의 5단 구성 사례 B

| 제목 | 일제강점기 목포 동양척식주식회사의 운영과 특징 |
|------|---------------------------------------------|
| 목차 | 1. 머리말<br>2. 목포 동양척식주식회사의 설치과정<br>3. 목포 동양척식주식회사의 운영<br>4. 목포 동양척식주식회사의 특징<br>5. 맺음말 |

〈표 13〉의 연구 주제는 목포 동척의 운영과 특징을 살피는 것인데, 이 논문에서는 2장을 목포 동척이 어떻게 처음에 설치되었는지 그 과정을 살피는 것으로 활용했다. 목차의 전

체 구성이 설치, 운영, 특징으로 자연스럽게 연결되도록 체계를 갖추었다. 물론, 2장의 서술과정에서 전국적으로 동양척식주식회사 언제 설치되었는지 그 흐름이 언급되는 구성이다.

이제 앞에서 살펴본 〈표 12〉와 〈표 13〉의 사례를 참조하여 자신이 기획하는 논문 주제의 목차를 〈표 14〉에 작성해보자. 논문 목차의 제목은 실제 연구와 집필 과정에서 수시로 변화한다. 날짜별로 자신의 논문 목차를 기록해두고, 수시로 그 내용을 비교해보는 과정이 목차의 완성도를 높이는 데 도움이 된다.

〈표 14〉 제목과 5단 목차 작성하기 실습

| 제목 | |
|------|---|
| 목차 | 1. <br> 2. <br> 3. <br> 4. <br> 5. |

이러한 기본 방식을 지키는 것이 좋지만, 반드시 꼭 해야 하는 원칙은 아니다. 때로는 제목을 너무 억지로 맞추려 하다 보면 독창적인 연구와 서술에 제약이 생기기도 한다. 그러나, 자신이 논문 쓰기의 초보자이거나, 학사 졸업 논문 작성이 목적이라면 이러한 기본기를 지켜나가면서 역사 글쓰기 경험을 쌓아가는 것이 시행착오를 줄이는 방법이다.

논문 쓰기를 많이 해본 전문연구자, 즉 논문작성의 내공이 쌓인 사람이라면 더 자유롭게 목차를 구성해도 된다. 연구 목적과 결과를 자연스럽게 독자에게 전달하는 것이 가능하기 때문이다. 다음 〈표 15〉를 통해 그러한 사례를 살펴보자.

<표 15> 논문 목차 제목 설정의 다양한 사례

| 제목 | 정약전의 흑산도 유배생활과 저술활동 |
|------|-----------------------------------|
| 목차 | 1. 머리말<br>2. 흑산도 유배 길과 거주 공간, 그리고 죽음<br>3. 유배지에서의 주요일상과 교류 관계<br>4. 저술 활동에 담긴 섬 문화 인식<br>5. 맺음말 |
| 제목 | 임자도 유배가 조희룡의 예술에 미친 영향 |
| 목차 | 1. 머리말<br>2. 섬과의 만남<br>3. 시에서 그림으로<br>4. 자연과 맺은 우정<br>5. 그림에 담은 생각<br>6. '나만의 법'의 구현<br>7. 맺음말 |

「정약전의 흑산도 유배생활과 저술활동」(최성환, 2015) 논문에서는 2장의 제목을 기존의 딱딱함을 벗어나 좀 더 자유롭게 설정하여 제시하였다. 2장에서 섬으로 유배 가는 이동 경로, 거주했던 공간, 죽음에 이르기까지 일련의 과정을 전반적으로 서술한 후 3장과 4장에서 이 논문의 핵심 주제인 유

배 생활의 구체적인 모습과 저술 활동에 나타나는 특징 부분을 언급하는 방식이다.

「임자도 유배가 조희룡의 예술에 미친 영향」(고석규, 2020) 논문은 전체 7장의 구성이다. 기존의 역사 논문에서는 잘 사용하지 않는 방식의 제목 달기이다. 그러나 논문의 제목에서 드러난 연구 주제가 이 목차구성에 매우 자연스럽게 연결되어 있다. 섬으로 유배 가는 과정부터 섬 생활을 통해 얻는 영향 관계를 통해 결국 자신만의 독특한 화법을 개발하게 되었다는 결론까지 그 흐름이 세부적으로 구분되어 있다. 논문의 목차는 이런 식으로 창의적으로 연구자가 설정하는 것이 가능하다. 물론, 이러한 방식의 집필이 가능하기까지는 기본기에 충실한 논문을 써본 경험이 쌓여야 한다는 점을 기억해야 한다.

보통 논문의 목차는 장의 제목까지를 목차에서 노출하는 경우가 일반적이다. 그러나 필요에 따라 절의 제목까지 목차에 제시해도 된다. 하나의 장안에 세부적으로 절과 소절을 구분하기도 한다. 목차에서는 일반적으로 장과 절까지만 보여준다. 이 부분도 역시 대학이나 학술지 발행처에서 별도의 기준으로 정해놓은 경우가 있으면, 그 기준에 따라야 한다.

학사 졸업 논문의 경우는 장의 제목까지만 목차에 표기하는 것이 보통이다. 그러나, 자신의 논문 내용을 좀 더 구체적으로 드러내고 싶은 경우는 절의 제목까지 제시해도 된다.
다음 〈표 16〉은 목차에 절의 제목까지를 노출 시킨 사례이
다.

〈표 16〉 절 제목까지 표기하는 사례(학사 논문)

| 제목 | 조선시대 울릉도 쇄환정책의 추이와 특성 |
|------|------------------------------------------|
| 목차 | 제1장 머리말<br>제2장 공도와 쇄환정책 용어의 문제<br>　제1절 '공도' 용어 사용의 문제<br>　제2절 쇄환정책의 개념<br>제3장 울릉도 쇄환정책의 추이<br>　제1절 조선전기 울릉도 쇄환정책<br>　제2절 조선후기 울릉도 쇄환정책<br>제4장 울릉도 쇄환정책의 특성<br>제5장 맺음말 |

특별히 정해진 규정이 없는 경우, 논문 목차의 계층구조인
장·절·소절의 분할은 다음 〈표 17〉의 방식을 참조하여 작성
하면 된다.

〈표 17〉 논문 장, 절, 소절의 구분 방식

| 구분 | 표기 방식 |
|------|-----------|
| 4단 | 1, 1), (1), ① |
| 4단 | 1, 1.1, 1.1.1, 1.1.1.1 |
| 6단 | Ⅰ, 1, 가, (1), (가), ① |
| 6단 | 제1장, 제1절, 1, 1), (1), ① |

단의 숫자와 상관없이 〈표 17〉의 표기 방식 중 하나를 선택해서 작성한다. 다만, 전체 논문이 통일되게 일련번호가 표기되어 있어야 한다. 역사 논문은 소절까지 구분해서 서술하는 경우가 흔한 편은 아니나, 최근에는 독자들의 이해를 돕기 위해 세부적으로 구분하여 작성하는 사례도 늘어나고 있다.

다음 〈표 18〉은 석사 학위 논문의 목차구성에서 절까지를 표기하여 활용한 사례이다. 이를 기본 방식으로 참고하면 자신의 논문 목차를 어떻게 작성할지에 도움이 될 것이다.

<표 18> 석사 학위 논문 목차 구성 사례

| 제목 | 조선시대 목포 수군진의 설치와 기능변화 |
|------|------------------------------------------|
| 목차 | 제1장 머리말<br>　제1절 연구배경과 목적<br>　제2절 선행연구 분석<br>　제3절 연구방향과 방법<br>제2장 목포진의 설치와 입지환경<br>　제1절 조선 수군의 편제<br>　제2절 목포진의 설치 과정<br>　제3절 목포진의 입지환경<br>제3장 목포진의 관방시설과 인적구성<br>　제1절 목포진의 축성과 관아건물<br>　제2절 목포진의 인적구성<br>　제3절 목포진의 병선과 봉수·요망대<br>제4장 목포진의 기능과 서남해 네트워크<br>　제1절 목포진의 기능과 역할<br>　제2절 서남해 도서지역과 목포진의 기능변화<br>제5장 맺음말 |

　절의 제목까지 목차에 표기하기로 정했다면, 절의 숫자도 어느 정도 균형을 고려하는 것이 좋다. 최소 2개 이상의 절로 구성되어야 한다. 어느 장은 4개의 절이고, 어느 장은 2개의 절로 구성되면 각 장의 균형감이 떨어진다.

다음 〈표 19〉는 박사 논문의 목차구성 사례이다. 석사 논문보다 훨씬 더 상세하게 목차의 구성이 이루어진다. 언젠가는 꼭 박사학위를 받아보겠다는 마음을 먹고 있는 사람이라면 다른 논문의 목차를 분석해야 한다. 박사학위논문의 기본 구성 사례를 미리 꼼꼼하게 살펴보는 것이 도움이 된다.

〈표 19〉 박사 학위 논문 목차 구성 사례

| 제목 | 高麗船의 構造와 造船技術 연구 |
|---|---|
| 목차 | 제1장 서론<br>　제1절 연구목적<br>　제2절 선행 연구의 동향<br>　제3절 연구방법 및 내용<br><br>제2장 高麗船 考察을 위한 기초적 검토<br>　제1절 高麗船의 역사적 배경<br>　제2절 기록에 나타난 高麗船의 樣態<br>　제3절 전통선박의 구조와 용어<br><br>제3장 고려전기 高麗船의 구조<br>　제1절 고려전기 고려선 발굴사례<br>　제2절 완도선의 구조<br>　제3절 십이동파도선의 구조<br>　제4절 고려전기 고려선의 특징 |

　2장에서 고려선 고찰을 위한 기초 검토를 진행한 후, 3장부터는 구조와 관련된 발굴 선박 사례분석, 고려선 구조변화와 특징에 대한 발굴 선박 분석, 복원 과정을 통한 고려시대의 배 만드는 기술을 다루었다. 6장에서는 비교분석에 대한 주제까지 연구에 포함하고 있다.

# 3.3 논문형 문체 사용하기

글쓰기도 장르에 따라 통용되는 방식이 있듯이 논문에는 논문에 맞는 문체(文體)가 있다. 에세이나 소설의 글쓰기와 논문 글쓰기의 문체는 확실하게 구분된다. 일상에서의 평소 글 쓰는 습관이 논문을 쓰는 과정에서 무의식중에 나타나기 쉽다. 먼저 논문에 맞는 문체가 어떤 것인지 파악하는 노력이 필요하다. 그래야 논문을 읽는 독자들이 이해하기 쉽고, 전달하고자 하는 논리가 명확한 글을 작성할 수 있다.

대부분 글쓰기에 적용되는 개념이기도 하지만, 논문에는 그에 어울리는 문장의 결이 있다. 간결하고, 객관적이고, 서술하고 있는 주제에 집중하는 단락 구성이 되도록 해야 한다. 문학에서 매우 감미롭고 은유적인 표현으로 칭찬받을 수 있는 문맥이 논문에서는 오히려 방해 요소가 된다.

가장 기본적으로 인식해야 하는 논문 작성법을 제시하면 다음과 같다.

[논문 글쓰기의 기본 요령]
- 문장은 최대한 간결한 단문으로 작성한다.
  - 쉼표를 사용 여러 줄로 한 문장을 쓰지 않기
- 한 단락도 가능한 10줄 이상 넘어가지 않기

- 한 단락에는 하나의 주제에 집중
- 추정형 표현은 쓰지 않는 것이 좋다.
  - '생각된다', '추정된다', '것이다'라는 표현보다
    는 '이다'로 확실하게 문장을 맺음해야 한다.
- 쉬운 단어로 누구나 이해할 수 있는 문장이 좋다.
- 고유명사, 인명, 한글로 의미 전달이 어려운 단어
  는 한자와 병기하기
- 계속 반복되는 단어는 처음에만 한자 표기 후 이
  후는 국문으로 처리
- 감성적인 표현, 에세이식 문장은 쓰지 않기

이러한 기본 내용을 숙지해두는 것이 좋다. 예문과 함께
좀 더 자세히 살펴보도록 하겠다.


## 문장은 최대한 간결한 단문으로 작성

논문에서 가장 중요한 것은 전달력이다. 때문에, 문장을 짧
게 단문으로 쓰면서 흐름을 이어가는 요령이 필요하다. 역사
논문 글쓰기의 초보자에게 가장 많이 나타나는 현상이 문장
을 짧게 끊지 못하는 것이다. 한 문장에 '~고', ~'며', '~는
데' 등을 동시에 사용하기 쉽다. 문장이 길어지면, 전달하고

자 하는 핵심이 분산되게 된다.

올림픽 경기를 보다가 느낀 점이 있다. 스포츠 경기 초보 해설자의 멘트가 논문 초보자의 서술과 비슷하다. 올림픽 종목 해설에는 기존의 전문해설사가 아니라, 종목별 스포츠 스타가 올림픽 시즌에 맞춰 해설위원으로 처음 참여하는 경우가 더러 있다. 해당 종목에 대한 경험과 지식이 풍부하다고 해설을 다 잘하는 것은 아니다. 초보 해설가들은 상황 설명을 확신 없이 하는 경우가 많다. "공격을 해야 합니다"라고 설명하면 될 부분을 "공격을 했으면 좋겠다고 생각합니다"는 식으로 불필요하게 길게 해설하는 것이다. 이렇게 되면 시청자가 경기에 집중하기 어렵고, 해설에 대한 신뢰도 떨어진다. 해설자가 잘 몰라서가 아니라 익숙하지 않아서 생기는 현상이다.

초보자의 논문 서술에서 흔히 나타나는 좋지 않은 사례와 단문으로 작성하는 요령을 예문을 통해 살펴보자.

[예문 1]
일제강점기 조선에 설립된 일본신사와 관련된 기존 연구는 두 방향으로 논의가 되어졌다. 첫째, 개항 이후 식민 초기부터 신도와 신사의 제국주의적이며 황민화의 구현을 위해 국가신도를 강제한 식

민정권과 둘째, 일제의 의해 조선 고유의 신앙체계
의 붕괴와 신사참배반대 등 조선인의 저항에 초점
맞춰져 논의되어졌다. 그러나 최근 식민지기 조선
에서 설립된 신사와 관련해서 '해외신사'라는 개념
하에 국가신도의 이식을 정부의 종교적 차원의 단
일한 의도라는 시각에 벗어나 교육 및 사회 현장
에서 신도행사나 신사참배 대체물로 의한 이데올
로기까지 확장되었음이 논의되고 있다.

위의 [예문 1]은 실제 학위논문의 초고에서 지적된 잘못된
문체 사례이다. 전체 단락에 마침표가 3개밖에 없다. 문장
하나가 너무 길다. 첫째와 둘째를 명확하게 구분하여 서술하
지 못했다. 문장을 짧게 하고, 첫째와 둘째를 확실하게 구분
해서 서술해야 한다. 어떻게 고치면 좋을지 실습해보자.

다음 [예문 2]는 비교적 짧은 문장이지만, 이 역시 두 개의
문장으로 구분하는 것이 좋다.

[예문 2]
3대 영사 와카마쓰는 1902~1906년 사이에 3년
6개월간 재임하였는데, 목포 영사 중에 가장 오래
재임하였다.

가능한 다음 [예문 3]과 같은 방식으로 서술하는 습관을 기르자.

[예문 3]
3대 영사 와카마쓰는 1902~1906년 사이에 3년 6개월간 재임하였다. 목포 영사 중에 가장 오랜 기간 근무하였다.

이런 방식으로 문장을 단문으로 짧게 쓰고 내용은 이어지게 쓰는 습관을 기르는 것이 필요하다. 다음 [예문 4]는 비교적 단문으로 잘 서술된 사례이다.

[예문 4]
먼저 암태도 소작쟁의의 단계별 양상에 대해 살펴보겠다. 단계별 양상을 파악하기 위해서는 암태도 소작쟁의의 시기에 대한 명확한 기준이 필요하다. 기존 연구에서는 1923년 8월부터 1924년 8월까지를 소작쟁의의 시기로 보았다. 발생과 관련하여 기록상 확인되는 가장 빠른 시점은 1923년 가을이다. 시대일보 1924년 6월 23일 기사에 다음과 같은 기록이 남아 있다.

위의 [예문 4]에는 문장 중에 쉼표가 하나도 사용되지 않았다. 짧게 끊어서 문장을 서술했지만, 글의 흐름은 자연스럽게 연결되고 있다. 이러한 논문형 문체를 파악하기 위해서는 무엇보다 선행연구 논문을 많이 읽어보는 것이 도움이 된다.

## 단락의 활용과 분량 조정

논리적인 서술이 잘 되어있는 논문의 공통점은 단락 구분이 적절하게 이루어져 있다는 점이다. 단락 구분은 문단의 서술 내용이 달라질 때 줄을 바꿔서 서술하는 것이다. 하나의 단락에는 하나의 주제에만 집중하여 서술하는 것이 좋다. 그리고, 단락의 분량도 너무 길지 않아야 한다. 가능하다면 하나의 단락은 10줄 내외 수준에서 정리하는 것이 효율적이다. 가끔 어떤 논문은 한 페이지가 넘어가도록 줄 바꿈 없이 이어서 서술된 사례도 있다. 그런 논문은 대부분 글이 잘 읽어지지 않고 지루하기 마련이다.

논문 쓰기에서 가장 중요한 핵심은 하나의 단락에는 하나의 주제로 집중하여 서술해야 한다는 점이다. 예를 들어, 하나의 단락에 어떤 연구 대상의 '설치', '공간', '특징' 등이 막 섞여져 있다면 그 글은 좋지 못한 글이다. 하나의 단락에 여러 분석 주제가 섞어져 있으면 글의 흐름이 매끄럽지 못하게 된다. 결국 글이 두서가 없고, 앞에서 언급한 내용이 나중에 또 나오게 되는 오류를 범하기 쉽다.

분석적으로 하나의 주제에 집중하여 단락을 구성하는 것이 논문의 완성도를 높이는 지름길이다. '설치'에 대해서만 집중하여 서술한 후 단락을 바꿔서 '공간'에 대해 서술하는 방식으로 단락별 글쓰기 되어야 한다.

논문을 처음 써보는 학생들을 지도할 때는 단락의 소제목을 적어놓고 해당 내용을 서술하는 방식을 권장한다. 장이나 절의 제목 밑에 먼저 그 부분에서 서술하려고 하는 핵심 주제의 소제목을 순서대로 쭉 나열해 본다. 예를 들면 다음과 같은 방식이다.


[소제목 활용 예시]

II. 경복궁 재건과정

※ 소제목 : 최초 논의 → 재건 결정 → 재건 시작
　　　　　　 → 재건 비용 → 주도 인물→ 공사
　　　　　　 문제점 → 재건 완성


연구자가 작성해야 할 장의 제목이 '경복궁 재건과정'이라고 가정하자. 이 글의 논리 전개를 위해 필요한 핵심 소주제를 위와 같이 7가지를 설정한다. 그다음 이 순서대로 글을 써 내려가는 방식이다. 하나의 소주제를 서술할 때 몇 개의 단락이 필요할 수도 있다. 그러나, 이러한 방식으로 미리 글의 흐름을 정해놓고 원고를 작성하면 단락별로 집중하여 글을 쓰는 것이 가능하다. 또한, 글의 내용이 앞뒤가 혼재되는 오류를 막을 수 있다. 단락 위에 소제목을 표기해 놓고 글을 써 내려가고, 논문이 다 완성되면 가이드 역할을 했던 소제목은 지워버리면 된다.

## 문장의 끝을 명확하게 마무리하기

논문 서술에서는 추정형 표현은 가능한 사용하지 않는 것이 좋다. 논문은 무엇보다 명확성이 생명이다. 그러나, 글을 쓰다 보면 자료가 부족한 경우가 발생한다. 논문에서는 추측성 표현을 남발하지 않도록 주의해야 한다. 누구나 논문을 쓰다 보면 추정형의 표현을 자신도 모르게 반복해서 사용하게 되는 경우가 생긴다. 특히 고대사 분야는 직접적인 1차 사료가 많지 않기 때문에 그러한 부분에 더욱 신경을 써야 한다.

예를 들어, 본문에 '~생각된다', '~추정된다', '~일 것이다'

등의 표현이 많은 논문은 학술논문으로의 가치가 떨어짐을 스스로 인정하는 셈이다. 따라서 논문에서는 가능하면 '~이다' 방식으로 확실하게 문장을 끝맺음해야 한다. 물론 그러한 주장을 하기 위한 충분한 자료 제시가 필수이다. 논문을 제출하기 전 최종 교정작업을 할 때 문장의 끝부분만 집중적으로 검토하는 과정이 필요하다. 습관적으로 추정형으로 서술한 문장이 있다면 명확한 어조로 수정하는 것이 바람직하다.

## 쉬운 단어로 쉽게 설명하기

학술논문이라고 해도 어려운 전문용어를 많이 사용하는 것은 좋지 않다. 대한민국 국민이면 누구나 읽고 이해할 수 있는 일반적인 단어를 사용하여 이해하기 쉬운 문장을 만들어야 한다. 기존에 흔히 사용되어 오던 어려운 용어들을 그대로 사용하는 것보다는 쉬운 단어로 대체할 수 없는지 고민해야 한다. 쉬운 단어로 쉽게 설명해야 좋은 논문이다.

요즘은 지역별로 각 교육청에서 청소년들을 대상으로 '역사 탐구대회'라는 행사를 한다. 전라남도와 목포에서도 매년 이 행사가 개최되고 있다. 역사 탐구대회에 참가하는 학생들은 연구자들이 작성한 역사 논문을 읽어보고 분석해서 발표

자료를 만들기도 한다. 가끔 필자가 쓴 논문도 청소년들의 분석 대상이 되기도 한다. 그때마다 앞으로는 청소년들도 이해할 수 있도록 논문을 쉽고 명확하게 써야겠다는 반성을 하게 된다. 논문은 일부 지식인들의 전유물이 아니라는 점을 염두에 두는 것도 논문을 집필하는 연구자가 지녀야 할 중요한 덕목이다.


## 의미 전달이 어려운 단어는 한자와 병기 하기


논문을 쓰다 보면 어떤 단어는 한자로 표기하고, 어떤 단어는 한글로 표기해도 되는지 의문일 때가 있다. 보통 논문에서는 한글로 표기했을 때 의미 전달이 명확하지 않은 고유명사, 이름, 관직, 지명 등은 한자로 표기하는 경우가 많다. 발음은 같지만, 실제 뜻이 다른 단어들이 많기 때문이다.

학사 졸업 논문에서는 가능한 읽기 쉽도록 한글과 한문을 병기 해주는 것이 좋다. 학술지 논문도 특별히 관련 지침이 없다면 특수 단어는 한자와 한글을 병기(併記)하는 것이 바람직하다.

물론, 같이 쓰기 어려운 경우도 발생한다. 한글 발음이 불분명한 경우에는 표기가 모호할 때도 있다. 예를 들면, 자산

어보의 '玆山'이라는 단어는 일반적으로는 '자산'으로 읽는다. 최근에는 '현산'으로 읽는 것이 옳다는 주장도 있다. 이런 경우는 논문에서는 불필요한 논쟁을 피해 그냥 '玆山'이라고 한자만 표기한다. 한글 독음을 달려면 친절하게 최근의 견해들을 소개해주어야 한다.

이러한 특수한 경우를 제외하고는 한글과 한자를 같이 적는 것이 독자의 이해를 돕고, 의미를 더 명확하게 전달하는 데 도움이 된다. 일반적으로 논문을 작성할 때 계속 반복되는 단어는 처음에만 한자와 한글을 같이 표기하고, 이후에는 한글 독음만 쓴다. 이 부분은 필자가 적절하게 필요하다고 판단되는 부분에 병기 해주면 된다. 다만, 투고를 통해 논문을 게재하는 학술지의 경우는 한자나 외국어 표기에 대한 지침에 정해져 있으니 해당 학술지의 지침에 따라야 한다.


## 감성적인 표현, 에세이식 문장은 쓰지 않기


논문 지도를 하다 보면, 글쓴이의 성향이 문체에도 묻어나는 경우를 자주 발견한다. 직업이 기자이거나 작가인 사람들은 평소 글을 잘 쓰는 사람이지만, 오히려 논문체에 적용하기 어렵다는 하소연을 하기도 한다. 논문에서 가장 경계해야 하는 부분은 문학작품처럼 감상적인 표현이 들어가지 않게 하는 것이다. 객관성과 명확성이 중요한 논문에서는 감상적인 표현 몇 줄이 전체 논문의 신뢰도를 크게 떨어뜨리기도 한다.

이제부터는 이상에서 살펴본 논문 작성법 외 상식적으로 연구자가 논문 쓰기에서 고려해야 하는 기타 요령들을 간략히 살펴보겠다. 특히 아래에 서술하는 내용은 논문이 어느 정도 완성되고 최종 교정을 할 때 더 주의 깊게 확인하고 수정해야 하는 사항이다. 논문의 최종 교정작업을 할 때는 글 전체를 읽으면서 문맥을 살피는 것도 중요하지만, 아래의 내용을 토대로 특정 오류를 잡기 위해 집중적으로 검토하는 과정도 필요하다.

## 문장의 시제

논문의 본문을 서술할 때 문장의 시제가 정확하게 맞는지 확인이 필요하다. 머리말이나 맺음말에서 그런 오류들이 발생하기도 한다. 예를 들면, '~살펴보았다', '~살펴보겠다.'는 시제가 다르다. 과거형과 현재형을 명확하게 구분해서 사용해야 한다.


## 주어와 술어를 확인하자

논문은 꽤 많은 분량의 글을 쓰는 작업이다. 몇 차례를 교정을 봐도 인쇄되고 난 후에 보면, 기본 문법에 맞지 않는 문장이 발견되기도 한다. 가장 기본으로 지켜야 하는 점은 주어와 술어가 문법에 맞는가 하는 부분이다. 또한, 글을 읽다 보면 주어가 생략되는 경우도 많다. 주어가 없어도 대략의 뜻이 이해되기도 한다. 하지만 문장의 정확성을 위해서는 반드시 주어가 명시해야 한다.


## 인칭의 사용

글쓰기를 할 때 늘 고민되는 부분이 '나'라는 1인칭 표현을 사용해도 되는지에 대한 부분이다. 논문에서는 가능한 1인칭 표현은 사용하지 않는 것이 좋다. 일반적으로 논문 작성법에서는 인칭은 3인칭을 사용하는 것이 기본이다. 자기 경험이나 생각을 소개해야 하는 경우 '필자의 경험에 의하면', '저자 생각에', '연구자가 현장을 확인한 결과' 등의 방식으로 표현한다.


## 존칭 사용

선행연구성과를 분석하거나, 구술자료를 논문에 인용하는 경우 상대방에 대한 존칭을 써야 하는지 고민된다. 대학생들은 교수의 이름이라고 생각하고 존칭이나 직함을 사용하기도 한다. 그러나 원칙적으로 논문에서는 존칭을 사용하지 않는다. '최성환 교수님의 주장에 의하면'이 아니라 '최성환의 주장에 의하면'으로 서술하는 것이 무난하다.


## 외래어나 원사료 표기

논문을 쓸 때 외래어를 표기하거나 사료를 인용하는 경우가 많다. 이때는 외래어나 원문을 그대로 표기하는 것이 아니라 국역 된 내용을 표기하는 것이 일반적이다. 사료의 경우는 주석을 통해 필요에 따라 원문을 표기하는 경우도 있다. 본문 안에는 가능한 국역 된 내용을 제시하여 독자가 읽기 쉽게 한다.

논문도 문학작품의 글쓰기 연습과 마찬가지로 반복적인 경험이 필요하다. 몇 차례 논문을 작성해보면 자연스럽게 논문 작성법이 익숙해진다. 처음 글쓰기를 할 때는 쉽지 않겠지만, 이상에서 설명한 기본 요령을 미리 숙지하고 논문을 작성해 나가기를 권한다. 그렇게 하면 논문을 작성한 후 문체를 교정하는 시간을 훨씬 줄일 수 있고, 논리적인 논문의 완성도를 높이는 데 유리하다.

# 3.4 머리말의 구성과 작성 요령

논문은 특정 주제에 관하여 진행한 연구의 과정과 결과를 논리적으로 서술하는 글쓰기이다. 그중 머리말은 논문의 시작이다. 머리말은 해당 연구를 '왜', '어떤 목적', '무슨 방법'으로 했는지를 밝히는 부분이다. 흔히 서론이라고도 표현한다. 최근에는 머리말 대신 아예 구체적인 제목을 달기도 한다. 머리말은 해당 논문에 대한 신뢰도와 호기심을 주는 중요한 요소이다.

## 머리말의 구성

논문의 머리말에는 꼭 들어가야 할 구성 요소들이 있다. 그러한 구성 요소를 흐름에 맞게 순서대로 서술하는 것이 머리말 작성의 요령이다. 때문에, 머리말의 체제와 작성 요령을 충분히 숙지하는 노력이 필요하다. 머리말에 들어가야 할 기본 요소는 다음과 같다.

[머리말의 구성 요소]

- 논문작성의 배경
- 선행연구성과 분석
- 논문의 필요성
- 논문의 목적
- 논문의 구성
- 분석 자료와 연구 방법

이상과 같은 머리말의 구성 항목별로 서술 요령에 대해 간략히 살펴보겠다.

## 논문 작성의 배경

머리말의 시작 부분에는 논문작성의 배경이 언급되어야 한다. 논문 주제에 대한 사회적 관심과 흐름을 간략하게 제시한다. 왜 이러한 주제에 관심이 필요한지에 대한 연구자의 생각이 반영된다. 큰 틀에서 관점과 연구 대상이 되는 미시적인 관점이 언급될 수 있다.

예를 들면, 고아원에 대한 내용이 본 논문의 주제라고 가정하자. 고아원의 문제가 왜 한국 근대사에서 관심의 대상이 되는지, 이러한 연구를 통해 얻을 수 있는 것은 무엇인지를 서술한다.


## 선행연구성과 분석

배경에서 어떤 주제에 대한 중요성과 문제의식을 서술했다면, 다음에는 해당 주제와 관련된 선행연구성과를 분석한다. 대학생 졸업 논문의 경우는 그 대략적인 흐름을 짚어주는 정도로 정리하는 것이 일반적이다. 석사학위 이상의 경우에는 이 부분이 더욱 중요하게 다뤄진다. 구체적으로 어떤 연구들이 있었는지 소개하고, 그 성과와 한계점 등을 언급한다. 주제와 직접 관계있는 논문과 단행본 위주로 국내와 국외 구분 없이 요약하여 제시하는 것이 바람직하다.


## 논문의 필요성

논문 주제와 관련이 있는 선행연구성과를 분석한 후에는 자신이 쓰려고 하는 논문 주제의 연구가 왜 필요한지를 표현해야 한다. 기존 선행연구성과가 없는 주제라면 더욱 연구할 가치가 있는 중요한 주제라는 의미이다. 선행연구 성과가 있

다고 하더라도 다른 방향에서 접근하는 연구가 필요하다는
점 등을 강조하면 된다.


## 논문의 목적

연구의 필요성을 설득력 있게 전달한 후에 본 연구의 목적
을 명확하게 제시한다. 연구의 목적을 막상 쓰려고 하면 굉
장히 어렵게 느껴진다. 가장 쉽고 분명하게 제시하는 방법은
논문의 제목을 이용하여 연구의 목적을 설명하는 것이다. 논
문의 제목이 '암태도 소작쟁의의 주요 인물과 쟁의의 성격'이
라고 가정하자. 그러면 다음과 같이 논문의 목적을 기술하면
된다.

> [논문 목적 서술 예시]
> 이 논문의 연구 목적은 일제강점기에 발생한 암
> 태도 소작쟁의의 주요 인물과 쟁의의 성격을 살펴
> 보는 것이다.

이렇게 간단하게 제시한 후에 추가적인 설명을 해도 되고,
굳이 보충 설명이 필요 없으면 바로 연구의 세부적인 방향으

로 넘어가면 된다. 기억해야 하는 것은 자신의 논문 제목이 연구의 목적이라는 점이다. 어렵게 설명하려 하지 말고, 그냥 논문의 제목을 목적으로 제시하는 것이 논문 쓰기의 초보자에게 효율적인 방식이다.

## 논문의 구성(세부 연구 방향)

목적이 논문의 제목에 해당한다면, 논문의 구성 소개는 목차에 해당한다. 다음과 같은 방식으로 서술하면 된다.

> "논문의 세부적인 연구 방향은 크게 세 가지이다. 첫째,~~~이다. 둘째, ~~~이다. 셋째,~~~이다."

이때 세 가지 방향은 논문의 목차 제목을 적으면 된다. 본론 부분 목차가 총 2장으로 구성되어 있으면 세부 방향을 두 가지로 제시하는 것이다. 어렵게 쓰려하지 말고, 목차의 제목을 제시한 후에 추가로 한두 줄 보충 설명하는 방식이 좋다.

## 분석 자료와 연구 방법

머리말의 끝에는 이 논문의 연구 목적을 달성하기 위해 어떤 방식으로 연구를 진행할 것인지를 소개하는 부분이 들어간다. 크게 두 가지 내용이 포함되어야 한다. 첫 번째는 연구를 진행하는 데 필요한 주요 분석 자료가 무엇인지를 소개하는 것이다. 참고문헌에 별도로 제시되지만, 머리말에서 가장 대표적인 자료를 소개해야 한다. 기존에 다른 연구자가 분석한 적이 없는 자료를 본인의 연구에 활용했다면, 그러한 자료의 내용과 가치를 별도로 독자에게 설명해주는 것이 좋다. 자료를 제시한 후 이러한 자료를 어떤 방법으로 분석할 것인지를 간단히 설명한다. 현장 조사와 면담 조사 등을 병행했다면 그 내용도 글의 끝에 언급한다.


## 세 가지 유의 사항

앞에서 설명한 구성 요소를 참조하여 작성하면 머리말 작성의 시행착오를 최대한 줄일 수 있다. 이외 머리말을 작성하면서 고려해야 할 내용은 다음과 같다.

- 첫 번째, 독자는 대학 신입생이라고 생각하고 더욱 쉽게 쓰기
- 두 번째, 용어의 정의나 설명이 필요한 경우 밝혀주기
- 세 번째, 본문이나 맺음말에 들어가야 내용을 머리말에 미리 쓰지 않기

첫 번째, 머리말은 가능한 어려운 단어보다는 쉽게 누구나 이해할 수 있도록 작성한다. 머리말이 어렵고 무슨 말인지 이해가 안 되면 전체 논문을 읽고 싶지 않다. 대학에 막 입학한 1학년 신입생에게 자신의 논문을 설명한다는 생각으로 용어 설명이나 문맥의 수준을 설정하여 작성하자.

두 번째, 본 연구에서 사용하는 고유 용어에 대한 정의를 머리말에서 명확하게 설명하자. 특히, 학술적인 개념의 신조어를 본인이 새롭게 제시한 경우는 반드시 그 의미를 적어야 한다. 예를 들어, 논문의 제목이 「목포의 해항성(海港性)과 개항과정의 특징」이라고 가정하자. 머리말에서 '해항성'이 어떤 의미로 논문에 사용되는 것인지 설명되어야 한다.

세 번째, 무엇보다 머리말에서 유의해야 할 점은 본문이나 맺음말에 들어갈 내용을 미리 서술하면 안 된다는 것이다. 이 부분은 논문 초보자가 가장 흔히 범하는 실수이다. 머리

말에서는 아껴야 할 연구 분석의 내용과 성과들을 미리 말해 버리는 경우가 많다. 머리말인데 결론이 이미 언급되는 일이 없도록 주의해야 한다.


## 머리말 체계작성 요령

머리말을 체계적으로 작성하기 위해서는 두 가지 방법이 있다. 첫 번째는 정식으로 절을 구분해서 원고를 작성하는 방법이다. 글을 완성한 후에도 목차 상에 절의 제목이 노출되는 방식이다.

[예시 : 머리말의 절 목차]
1. 머리말
 1) 연구 배경과 필요성
 2) 선행연구성과 분석
 3) 연구 방법

두 번째는 정식 절은 아니지만, 단락별로 소제목을 적어놓고 그에 맞춰서 글을 쓰는 방식이다. 이는 머리말뿐만 아니라 전체적 논문 쓰기의 요령에 해당하는 부분이다. 소제목에 맞게 글을 다 쓴 후에 소제목을 지우면 된다.


[예시 : 머리말의 절 목차]

1. 머리말

　　연구배경

　　선행연구분석

　　본 연구의 필요성

　　논문의 목적

　　논문의 구성

　　연구 방법

　　분석 자료


　머리말을 체계적으로 작성하기 위해서 위의 예시처럼 단락별 소주제의 제목을 적어놓는다. 그에 맞는 내용에 집중하여 서술하는 방식으로 글 쓰는 연습을 해보기를 권한다.

# 3.5 맺음말의 구성과 작성 요령

맺음말은 논문의 가장 끝에 해당하는 부분이다. 그런데, 실제 논문을 읽을 때 가장 먼저 읽어보는 곳이 맺음말이기도 하다. 연구자들은 다른 사람의 학술지 투고 논문에 대한 심사를 맡게 되는 경우가 종종 있다. 논문을 받게 되면, 먼저 제목과 목차, 머리말, 맺음말 순서로 그 논문의 대략을 확인한다. 그다음에 본문을 천천히 읽어나가는 방식으로 새로운 논문에 접근한다. 그래서 논문에서는 머리말과 함께 맺음말이 매우 중요하다. 특히 맺음말에는 연구자의 성과와 이 논문의 연구의미가 집약되어 있으니, 더욱 신경 써서 작성해야 한다. 적어도 머리말과 맺음말에 오탈자가 있어서는 안 된다.

맺음말은 이 논문을 읽은 연구자에게 자신의 연구성과가 무엇인지를 분명히 전달한다는 목적을 가지고 작성해야 한다. 특히 대학생의 졸업 논문이나 석사 이상 학위논문의 경우 더욱 그렇다. 그러나 연구성과를 지나치게 부풀리거나 스스로 자화자찬이 심하면 읽는 이가 거부감을 느끼게 된다.

자연스럽게 이 연구를 어떤 과정으로 진행하여, 왜 그러한 분석 결과를 얻을 수 있었는지 독자가 공감할 수 있도록 하는 방식으로 글을 정리해야 한다. 본론에서는 별로 중요하게 다루지 않았는데, 느닷없이 맺음말에서 연구의 성과라고 강조해서는 안 된다. 본론에서 비중을 두고 분석했던 내용을 토대로 맺음말이 작성되어야 한다.

특히 신경을 써야 하는 부분은 머리말과 맺음말이 유기적으로 연결되어야 한다는 점이다. 머리말에 밝힌 목적과 연구 구성 내용에 맞게 맺음말의 성과도 정리되어야 한다. 초보자가 많이 하는 실수가 머리말의 내용과 다르게 맺음말을 작성하는 것이다. 논문을 최종 마무리할 시기에는 사실 자신의 글을 읽는 것이 질리기도 한다. 그러나 반드시 머리말과 맺음말을 비교해서 읽어보면서 수정하는 과정을 거쳐야 한다.

맺음말은 머리말에 비해서 비교적 더 자유롭고 다양한 방식으로 작성된다. 그러나, 논문 초보자이거나 학위논문인 경우는 일반적으로 다음과 같은 구성을 기본으로 작성하는 것이 좋다.


[맺음말의 기본 구성]
· 연구 내용 요약
· 연구 성과 제시
· 연구의 의미 강조
· 한계와 향후 과제

위에 제시된 맺음말 기본 구성 항목을 토대로 작성하는 요령에 대해 살펴보자.

## 연구 내용 요약

머리말의 시작 부분에는 논문의 본문에서 어떤 목적으로 어떤 연구를 진행하였다는 핵심 내용을 간략히 제시하는 것이 좋다. 이 부분에서 자칫하면 머리말의 연구 내용을 다시 정리하는 오류를 범하기 쉽다. 머리말에 이미 언급한 내용을 반복해서 서술하는 것이 아니다. 본문이 끝나고 맺음말이 시작되는 부분에 글의 연결성을 고려하여 간단한 다리를 놓는 것이다. 다른 논문을 읽어볼 때 맺음말의 첫 문장을 어떻게 시작하는지를 눈여겨볼 필요가 있다.

[맺음말 첫 문장 예시]
- 본 고에서는 조선 후기에 발생한 문순득 표류를 주제로 실제 표류했던 노정에 대한 분석과 그 과정에서 나타나는 동아시아 각국의 송환체제를 중심으로 살펴보았다. 연구성과는 크게 세 가지로 정리된다.

- 이상과 같이 육지면 보급 후 일제강점기 목포 항의 기능과 영향 관계에 대해 다양한 측면에서 살펴보았다.
- 1919년 3.1운동이 일어난 후 목포에서의 독립 만세운동 전개 상황에 대해서 살펴보았다.

위의 예문처럼 머리말의 시작 부분에 연구 목적과 실제 진행한 방법을 간략히 함축적으로 정리하면 된다.


## 연구성과 요약

해당 논문에서 얻은 연구성과를 몇 가지로 구분하여 정리한다. "본 연구의 성과를 정리하면 크게 몇 가지이다. 첫째~, 둘째~, 셋째~." 이런 방식으로 서술하면 된다. 연구를 통해 '이런 부분을 확인하였다.' 혹은 '살폈다'는 식으로 목차를 활용한다. 가능하면 목차의 장 제목에 맞춰 성과를 순서대로 정리하는 것이 쉽게 접근하는 방식이다.

목차와 상관없이 혼합하여 정리하면 잘 이해가 되지 않는 경우도 생기니, 너무 길지 않게 목차의 순서에 맞춰 정리하는 습관을 기르는 것이 바람직하다.

연구 내용과 연구성과를 구분하지 않고 포괄 서술해도 무방하다. 그러나 학위논문의 경우는 구분해서 작성하는 것이 맺음말의 완성도를 높이는 방법이다. 연구 내용 부분에서는 본문에서 분석한 주요 내용의 핵심을 요약하고, 연구성과에서는 말 그대로 이 논문에서 얻은 성과를 제시한다.

## 연구의 의미

연구 내용과 성과를 정리한 다음에는 의미 부여가 필요하다. 스스로 자신이 작성한 논문이 지닌 연구사적 의미를 제시하는 것이 어색하고 부담스럽게 느껴질 것이다. 그러나, 연구자 스스로 자기 논문의 가치가 무엇인지 생각해보고, 맺음말을 활용해 독자들에게 강조하는 것도 중요하다.

몇 줄 안 되는 부분이지만 무슨 말을 적어야 할지 도저히 모르겠다면, 그 논문은 다른 논문과 비교하여 별로 독창적이지 못할 가능성이 크다. 예를 들면 "이 주제와 관련된 최초의 연구 사례이다"라고 서술할 수 있다면 더 좋다. 뭔가 자기 논문의 연구사적 의미가 무엇인지 스스로 제시할 수 있어야 좋은 논문이다.

## 한계와 과제

누구나 논문을 쓰고 나면 아쉬운 점이 있다. 또한, 이 연구로 끝이 나는 것이 아니라 앞으로 이 성과를 토대로 확대해 나갈 연구의 과제도 발생한다. 맺음말의 마무리 부분에서 자신이 이 논문을 쓰면서 미흡했던 부분에 대해서 언급하는 것도 연구자에게 필요한 자세이다. 더불어 앞으로 보완해야 할 내용과 의견을 제시하면서 맺음말의 끝을 마무리하면 한다. 물론, 논문의 분량 제한이 있는 학술지 논문에는 생략하기도 한다. 학위 논문에는 가능한 포함되는 것이 좋다.


## 학술지 논문 맺음말 예시

맺음말의 기본 구성과 작성 요령을 이해하기 위해 학술지 논문의 사례를 제시하면 다음과 같다. 논문 「암태도 소작쟁의의 참여 인물과 쟁의의 특징」에 사용된 맺음말 내용이다.

> [학술지 논문 맺음말 예시]
> *이상에서 암태도 소작쟁의에 참여한 주도 인물*
> *의 면모와 쟁의 과정에서 나타나는 특징에 대해*

살펴보았다. '섬'이라는 특성과 함께 전개 과정에서 나타나는 외부와의 연계에 주목하면서 종합적인 분석을 시도했다는 점에서 의미가 있다. 연구성과는 크게 세 가지로 요약된다.

첫째, 실제 참여한 섬 주민들의 면모에 대한 부분이다. 주도적으로 참여한 인물의 실명과 감옥생활을 한 21명의 활동 사항 등을 확인하였다. 그동안 암태도 소작쟁의와 관련된 인물에 대해서는 그 구체적인 면모가 잘 알려지지 못했다. 각종 기록을 토대로 실제 쟁의의 주인공인 암태도 주민들의 참여상황을 분석하였고, 이 일로 감옥생활을 했던 인물들의 내력을 구체적으로 밝혔다. 또한, 여성운동가였던 '고백화'라는 인물의 역할을 세부적으로 분석한 것도 성과이다.

둘째, 암태도 소작쟁의의 특징과 관련된 부분이다. 암태도에서 치열하게 소작쟁의가 일어난 배경을 '섬 고유의 경제환경', '청년회·소작인회·부인회 등 사회단체의 단결력', '인근 지역보다 높은 교육열' 등으로 파악하여, 이를 상세히 분석하였다.

셋째, 암태도 소작쟁의의 성격에 대한 부분이다. 단순히 농민들의 생존권을 위해 우연히 지역에서 일어난 사건이 아니라, 당시 1920년대 사회운동 흐름과 맥을 같이하는 항일민족운동의 연장선이었 다는 점을 확인하였다. 특히 독립운동가인 서태석 과 박복영이 주도하였다는 점이 중요했다. 신문기 록을 통해 소작쟁의 영향과 당대의 평가를 검토하 였고, 무엇보다 외부의 사회단체들과 연계되어 있 었던 상황에 새롭게 주목하였다. 암태도 소작쟁의 는 서울청년회·조선노농총동맹 등과 연계되어 활발 하게 전개된 투쟁이었음을 밝혔다.

이 글을 통해 암태도 소작쟁의와 관련하여 감옥 생활을 한 인물 21명의 내력을 확인하였다. 이 가 운데 현재 독립유공자로 인정된 분은 서태석과 박 복영뿐이다. 이들의 경우는 독립 만세운동과 관련 된 활동 경력이 인정되어 독립유공자가 된 사례이 다. 최근에는 일제강점기 발생한 노동운동·농민운동 과 관련하여 감옥생활을 한 인물들도 독립유공자 로 인정되는 경우가 늘어나고 있다. 이는 노농운동 이 외형상 생존권 투쟁의 성격이 강하지만, 결국 그 밑바탕에 식민체제를 끝내지 않으면 이러한 불 합리함을 개선할 수 없다는 자각이 깔려 있다는 점 때문이다. 암태도의 경우는 지역 주민들만의 싸 움이 아니라, 당시 결성된 전국적인 항일 노농단체 들의 지원과 연대 속에서 추진되었다는 점에서 더

욱 그러하다. 앞으로 암태도 소작쟁의로 억울하게
옥고를 치른 인물들도 독립유공자로 인정받을 수
있는 기회가 늘어나기를 기대한다.

위에 제시한 학술논문 맺음말의 예문을 읽어보면, 맺음말
의 기본 구성과 논문을 마무리하는 요령을 살필 수 있다.

## 3.6 인용문 사용법

논문에서 '인용'은 매우 중요한 글쓰기의 방법이다. 논문을 쓸 때는 자신의 견해를 주장하기 위해 근거자료를 제시하기도 하고, 선행연구에서 언급한 내용을 소개하기도 한다. 인용은 직접 인용과 간접 인용이 있다.

직접 인용은 사료나 다른 연구자가 쓴 글 중 일부를 그대로 인용하는 것이다. 본문에 들어갈 때는 반드시 큰따옴표로 표시하여 사용한다. 인용하는 부분이 길거나 단순 인용이 아니라 분석의 대상이 되는 경우는 독립된 단락으로 구분하여 제시하는 방식 있다. 이 경우는 본문의 글씨 크기나 문단 양식과는 구분되게 편집하는 것이 좋다.

[사례 1] 본문에 포함하여 서술하는 방식
홍길동은 목포대학교 사학과에 대해서 "지방사 연구 분야에서 가장 뛰어난 성과를 보인 학과"라고 평가하였다.

위의 예처럼 인용하고 하는 구절에 따옴표를 사용하여 본문에 함께 서술한다. 이 경우 반드시 인용문의 출처에 대해서는 주석을 달아서 밝혀야 한다. 예문에 나오는 홍길동이 어떤 글에서 저렇게 말한 적이 있는지를 주석에 적어주는 것 이다.

직접 인용은 글을 읽는 데 자연스럽다는 장점이 있다. 다만 본문 내에 직접 인용문이 많아지면, 연구자의 생각이 무엇인지를 강조하기 어려워지기도 한다. 한 단락에서 직접 인용문이 너무 빈번하게 사용되는 것은 좋지 않다.

다음은 본문 서술과 구분하여 제시하는 방식이다. 일반적으로 사료의 내용을 인용할 때 이러한 방식을 사용한다. 기존 선행연구의 성과 경우도 구체적인 분석 대상이 되거나 분량이 많을 때는 별도로 구분하는 방식이 효과적이다.


[사례 2] 본문과 구분되게 별도 제시
홍길동은 목포대학교 사학과에 대해서 전국 역사학 대회에서 다음과 같이 평가하였다.


지방사 연구 분야에서 가장 뛰어난 성과를 보인 학과이다. 매년 사학과 학생들의 학술 심포지엄을 개최하고 있다. 학생 학술 심포지엄을 통해 새로운 지방사 연구 방법을 개척하고 있다. 대학

*생들이 스스로 연구과제 기획하고, 자료*
*수집, 분석, 논문작성, 발표 등 일련의*
*과정을 경험하는 방식이다.*

*위의 인용문에서 확인되듯이 최성환은 학생 학*
*술 심포지엄의 지속적인 개최가 목포대학교 사학*
*과가 지방사 연구 분야에서 뛰어난 성과를 보일*
*수 있는 중요한 기반이라고 평가하였다.*

단락을 구분하여 인용하는 경우는 반드시 그 인용문을 활
용한 분석내용이 서술되어야 한다. 마찬가지로 인용문의 출
처를 각주로 밝혀야 한다.

이렇게 선행연구에 나오는 원래 표현이나 사료의 내용을
그대로 옮기는 것이 직접 인용 방식이다. 그러나, 논문을 쓸
때는 연구자 나름대로 글을 순화하거나 다른 표현 방식으로
서술하는 경우가 많다. 이 경우에도 반드시 원저자나 근거의
출처를 밝혀줘야 한다. 즉, 본문에 따옴표를 사용하지 않았다
고 해도, 누군가의 선행연구를 기반으로 했다는 원문이 어떤
글인지를 밝혀야 한다.

인용문에서 사용되는 부호와 관련해서는 대학이나 학술지
에서 제시하는 지침을 지키는 것이 좋다. 목포대학교 도서문

화연구원에서 발간하는 학술지 『도서문화』에서 사용하는 인용문 및 부호의 기준을 소개하면 다음과 같다.

[학술지 인용문 및 부호 지침 사례]
1. 인용문은 들여쓰기를 하여 본문과 구별한다.
2. 본문의 인용문은 " "로 하고, 강조사항이나 특수한 용어는 ' '로 표시한다.
3. 본문에 언급되는 작품·신문·논문은 「 」, 작품집·문집·저서는 『 』로 각각 표시한다.
4. 본문 중 참고문헌은 기술하지 않고 각주에 정리한다.

이러한 방식은 대부분 학술지 논문작성에서 유사하게 사용되는 것이다. 이를 참조하여 자신의 논문에 사용되는 인용문과 부호를 정리하면 된다.

## 3.7 '주(註)'의 역할과 중요성

'주'는 논문을 구성하는 필수 요소 중 하나이다. 대부분 논문에는 주석이 있다. 선행연구성과를 인용하고, 새로운 사료를 제시하는 것이 중요한 역사 논문에서는 주석의 역할이 매우 크다. 또한, 논문의 표절 여부를 가늠하는 중요한 척도가 된다.

'주'는 본문에 기술된 어떤 낱말이나 문장의 뜻을 이해하기 쉽도록 풀이하기 위한 용도로 사용된다. '주(註)'를 다는 목적은 크게 두 가지이다. 첫째, 본문에 인용한 정보의 근거를 밝히기 위함이다. 둘째, 보충 설명이 필요한 경우 부가적인 정보 제시하는 경우이다. '주'는 방식에 따라 몇 가지 유형이 있다. 대표적으로는 각주, 내주, 미주 세 가지 방식을 주로 사용한다. 사용법의 차이를 간단히 살펴보자.


### 각주(脚註, footnote)

본문 중 해당하는 부분에 '주'의 번호를 표시한 후 본문 하단에 인용한 내용의 출처 사항을 기재하는 방식이다. 역사 논문에서 일반적으로 선호하는 방식이다. 아래 〈그림 1〉의 예문을 참조하면 된다.

개항 이후 목포의 경제권을 일본인들이 장악해 나갔으며, 무역구조 역시 쌀과 면화의 비중이 높고 대상국도 일본 비율이 99%에 이르는 매우 기형적인 양상이었다.1)

---

1) 목포백년사편찬위원회, 『목포개항백년사』, 목포백년회, 1997, 186~189쪽.

〈그림 1〉 각주 방식의 주석 표기 사례

위 예문에서는 목포 무역구조가 일본 비율이 매우 높았다는 점을 서술하였다. 본문에 그 근거가 제시되는 것이 아니라 다른 기존의 저작물에서 인용한 것이기 때문에, 각주로 그 출처를 적어준 사례이다.

### 내주(內註, Parenthetical note)

본문의 해당 문장 안에 괄호 등의 기호를 사용해서 인용 출처 또는 보완 설명 등을 표기하는 형식이다. 괄호주(括弧

註)라고도 칭한다. 인용한 본문 문장 뒤에 '저자명, 발행년, 인용면수' 등을 가로( )에 넣어서 출처를 밝힌다. 사회과학이나 자연과학 등에서 주로 이러한 방식을 선호한다.

다음은 박성현·이태겸의 논문 「도서지역 교육의 현황과 제도적 개선방안-전라남도를 사례로-」(2019)의 사례이다.

> 도서는 절대적인 개체·영역이면서 동시에 관계적인 공간이며, 경계가 있지만 투과성이 있고 언어·문화·환경 변화에 취약하면서도 흡수하고 수정할 수 있는 능력이 있는 공간이다(Strdtford, 2003).

위의 예문에는 도서가 지닌 공간적 특징이 서술되어 있다. 이 개념은 Strdtford가 2003년에 쓴 글에서 인용했다는 점을 문장의 마지막 뒤 가로 안에 표기하였다. 내주에 밝힌 인용한 글의 정확한 출처는 참고문헌을 통해 확인할 수 있다. 본문에 인용된 글은 반드시 참고문헌에 제시되어야 한다.

### 미주(尾註, endnote)

'주'를 본문 끝에 표기하는 방식이어서 미주 또는 후주(後

註)라고 표현한다. 각주와 유사하게 본문에 '주'의 번호를 표시해 놓고, 논문의 끝부분에 인용 자료의 출처를 한꺼번에 보여주는 방식이다. 해당 페이지의 아래가 아니라 논문의 맨 뒤에 표기된다. 일반적으로 학술총서 등 단행본에서 주로 선호하는 방식이다. 학술지의 논문에서 별로 사용되지 않는다.


## 주석의 중요성

'주'의 용도와 서식은 글을 쓰기 시작할 때부터 명확하게 작성하는 것이 좋다. 특히 학위논문을 처음 작성하는 사람은 '주'의 중요성을 인식해야 한다. 그래야 표절을 방지할 수 있다. 최근 한 유명한 역사 강사의 과거 석사학위 논문이 표절이라는 점이 밝혀져 화제가 되었다. 그는 스스로 표절에 대한 부분을 인정하였다. 자신이 남의 글을 인용하면서 주를 다는 것을 충실히 하지 않았기 때문에 생긴 결과라고 해명했다. 그만큼 주석 사용의 여부는 표절이냐 아니냐를 결정하는 기준점이 될 정도로 중요하다.

그렇다면 논문에서 주석을 달지 않은 상황은 왜 발생하는 것인가? 논문은 선행연구성과에 대한 분석과 새로운 자료를 근거로 자신의 주장이 담겨야 그 연구 가치를 인정받는다.

때문에, 학위를 인정받기 위해 남이 연구한 성과를 마치 자신의 연구성과로 보이고 싶은 유혹에 빠지기 쉽다. 반드시 충실하게 주석을 달아서 남의 성과를 자신의 글로 탈바꿈시키는 일이 없도록 해야 한다. 반면 주석이 지나치게 많은 논문도 그리 바람직하지는 않다. 연구자의 생각이 무엇인지를 가늠하기 어렵기 때문이다.

## 주석을 달아야 하는 상황

자료를 제시하고 인용문의 출처를 밝히는데 적절하게 주석을 활용하는 요령이 필요하다. 논문을 쓸 때 다음과 같은 상황에 유념하여 주를 충실하게 달아야 한다.

[주석이 필요한 상황]
① 내 주장의 근거를 밝혀야 하는 경우
② 다른 연구자의 글에서 인용한 경우
③ 인용한 사료의 원래 출처를 밝히기 위함
④ 본문의 내용에 대해 보충 설명이 필요한 경우
⑤ 본문에서 사용하는 용어에 대한 개념을 정의해야
　 하는 경우

논문은 자신의 주장과 해석을 논리적으로 전달하는 것이다. 그 과정에서 본문에 모든 자료의 출처까지 일일이 서술하기는 어렵다. 하지만 주장의 근거가 되는 내용은 출처를 밝혀야 한다. 특히 다른 연구자의 선행연구성과에서 인용해 온 경우, 본인의 연구 결과가 아니라는 점을 명확히 해야 한다.

논문을 쓸 때는 독자에게 글이 잘 읽어지도록 본문을 구성해야 한다. 너무 상세한 내용까지 본문에 다 포함하면, 글이 늘어진다는 지적을 받기 쉽다. 그러나, 생략하기에는 아쉬운 부분이나 이해를 돕기 위해서 보충 설명을 해야 한다고 판단되는 부분은 주를 활용하면 된다. 관심이 있는 사람이나 이해가 잘되지 않는 사람은 주를 살펴보게 되고, 그렇지 않으면 그냥 다음 단락으로 넘어가는 효과가 있다.

논문을 쓰다 보면 전문용어가 사용될 경우도 많다. 일반적으로 누구나 인식하는 사회적 통념이 된 용어는 보충 설명이 없어도 된다. 반대로 용어를 논문에서 어떤 개념으로 사용했는지를 분명하게 해야 경우도 있다. 아주 중요한 용어는 머리말에서 별도로 밝히고, 본문 서술과정에서 등장하는 용어는 해당 페이지에서 각주를 활용하면 된다.

## 주석의 출처 작성 요령

인용문의 출처를 밝혀야 하는 대상은 논문, 단행본, 사료, 신문, 구술, 인터넷 사이트 자료 등이다. 주석에서 인용문의 출처를 밝히는 서식은 대학이나 학술지의 자체 규정에 따르면 된다. 일반적으로 학사 졸업 논문의 경우는 그 부분까지 구체적으로 지정하지는 않는다. 대학원 규정이나 최근 논문을 참조하여 통일성 있게 정리하면 된다. 다음은 논문작성에서 기본으로 사용하는 각주 처리 방식이다.

[논문 사례]
- 홍길동, 「목포대 사학과 교육과정 연구」, 『한국민족문화』 36, 민족문화연구소, 2020, 142~144쪽.
- 저자, 논문명, 학술지명(권호), 발행처, 발행연도, 인용한 자료의 쪽수 순서로 정리
- 논문에는 작은 꺽쇠, 책에는 큰 꺽쇠 기호를 사용
- 학술지 발행호수는 꺽쇠 바깥에 표기
- 인용한 부분이 여러 페이지인 경우는 그 범위를 표시
- 두 줄로 넘어가는 경우, 논문의 제목 부분에 줄 맞춤 처리

[단행본 사례]

- 최익현, 『국역 면암집』, 솔, 1997, 28쪽.
  - 저자, 책 제목, 출판사, 발행연도, 인용한 부분의
    쪽수 순서로 정리


[신문기록]

- 『시대일보』 1924년 07월 11일 기사, 「륙백명의
  암태면민 투쟁」.
- 「륙백명의 암태면민 투쟁」, 『시대일보』 1924년
  07월 11일 기사.
  - 신문명, 보도 시기, 기사 제목 순으로 정리
  - 반대로 하는 경우도 있음
  - 기사 제목은 가능한 원문 내용대로 표기


주석에 출처를 달 때 인용하는 자료가 하나 이상의 복수인 경우도 있다. 이 경우는 아래와 같은 방식으로 표기하면 된다.


[인용 자료가 복수인 사례]

- 홍석준, 「아시아의 해양세계와 항구도시의 역
  사와 문화」, 『도서문화』 29, 목포대 도서문화

연구원, 2007, 410쪽 ; 김경옥, 『섬과 바다
의 사회사』, 민속원, 2012, 104쪽.
- 자료를 논문이나 단행본 표기 방식으로 서술
하되, 중간에 세미콜론(;)을 표기


하나의 자료를 반복하여 인용할 때 주석에 같은 내용으로
계속 표기해야 하는지 고민될 때가 있다. 이 경우는 약식으
로 다음과 같이 표기하면 된다.


[반복으로 인용문을 표기하는 사례]
- 최성환, 앞의 책, 29쪽.
- 최성환, 위의 책, 30쪽.
- 최성환, 앞의 논문, 10쪽.
- 최성환, 위의 논문, 12쪽.
- 앞의 주와 같음.
  - 저자명과 쪽수만 제시하고, 중간에 중복되는 각주
  의 위치에 따라 '앞의 책' 혹은 '위의 책'으로 표기
  - 아예 인용문의 출처가 바로 앞의 주 내용과 완전히
  같은 경우는 '앞의 주와 같음' 식으로 표기


인용한 자료의 원출처가 영문일 때는 영문 자료의 주석 표

기 방식을 따라야 한다. 표기의 순서는 비슷하나 부호 사용
이 조금 다르다. 다음 사례를 참조하면 된다.


[영문 자료 사례]

- Jae-Eun Kim, "Rural landscape and biocultura diversity in Shinan-gun, Jeollanam-do, Korea", Journal of Ecology and Environment, 38(2), The Ecological Society of Korea, 2015, pp.249~256.
  - 저자명, 논문명, 학술지명, 발행처, 발행연도, 인용 자료의 쪽수
  - 영문 자료의 경우는 논문 제목은 큰따옴표로 표기
  - 책 제목은 부호 없이 영문 제목만 표기


 논문을 작성하다 보면 출판물이 아니고 직접 만나서 면담
한 내용을 인용하는 사례도 있다. 근현대사 분야나 생활사
연구 분야에서는 그러한 구술자료의 비중이 더 높다. 이 경
우에도 언제 누가 그러한 증언을 했는지를 명확하게 밝혀야
자료적 가치를 인정받는다.

[면담 자료 사례]

▪ 홍길동 증언 자료(면담일시: 2020년 11월 11
일, 면담장소: 목포대 사학과 자료실, 면담내용:
한국전쟁시기 피난 경험)
  - 면담대상자, 시기, 장소, 면담내용을 표기
  - 증언 내용에 따라 면담증언자의 실명 전체를
    표기하지 않는 사례도 있음

이외에 최근에는 인터넷 사이트의 자료를 인용하기도 한
다. 마찬가지로 출처를 밝혀야 하는데, 특히 인터넷상에서 자
료를 확인 날짜 등을 표기하는 것이 중요하다. 인터넷 자료
의 경우는 시일이 지나면 사라지거나 내용이 달라지는 경우
도 빈번하다. 사이트 주소의 표기 방식은 해당 대학이나 학
술기관에 별도의 지침이 있는지 확인하는 것이 좋다.

[인터넷 사이트 사례]

▪ 국가보훈처공훈전자사료관(https://e-gonghun.
  mpva.go.kr), 김유인의 독립유공자 공적조서
  참조(검색일 : 2020년 11월 15일).
▪ 한국사데이터베이스(http://db.history.go.kr),
  한국근현대인물자료-문재철(검색일 : 2020년 11월

15일)

- 사이트명, 검색항목, 검색일 등 표기
- 인터넷 자료의 주소명은 사이트의 기본주소까지만
표기

# 3.8 도표와 그림의 활용

역사 논문에도 도표나 그림이 다양하게 활용되는 추세이다. 도표는 분석할 대상이나 분석의 결과를 통계적으로 정리하여 보여주는 데 유용하다. 점차 역사 논문에서도 단순한 텍스트 서술에서 벗어나 통계 자료를 많이 제시하고, 이를 좀 더 구체적으로 분석하는 방식으로 논문의 패턴이 발전하고 있다. 기본적으로 연구자가 분석할 자료 가운데 주요 목록을 보여주거나, 세부 주제에 대한 통계를 이해하기 쉽게 제시하는 데 활용한다.

그림은 논문의 논리 전개와 분석에 필요한 이미지 자료에 해당한다. 보통 그림이나 사진이라는 이름으로 일련번호를 붙여서 제시한다. 조선시대의 지도나 근현대의 사진 자료 등이 주로 활용된다. 지리적인 부분이나 공간 특성, 문화유적의 형태, 경관 비교 등을 분석하는 데 중요한 자료가 된다.

## 도표나 그림 활용 시 유의 사항

논문 서술에서 도표나 그림을 제시 한 경우에는 반드시 그에 대한 분석적 서술이 동반해야 한다. 아무 의미 없이 그림만 제시되고, 그에 대한 분석이 없이 넘어가서는 안 된다. 뭔가 자료가 제시되면 그 뒤에는 반드시 그 자료를 언급하면서 분석하는 내용이 이어서 서술되는 것이 바람직하다.

도표나 그림을 제시하기 전에 반드시 어떤 목적으로 이 자료를 인용하는 것인지를 먼저 설명하는 것이 좋다. 그래야 본문의 흐름 속에서 자연스럽게 연결된다. 먼저 제시할 도표의 성격을 간단히 소개된 후 그다음에 관련 내용을 분석하는 방식이다. 다음의 예문을 살펴보자.

[도표 활용법 예문]

*다음은 소작인회의 총회에서 의장을 맡은 인물에 대한 부분이다. 의사결정을 하는 회의 과정에서 의장 역할을 한 사람이 누구인가 하는 점도 중요하다. 각종 회의에서 의장직을 수행한 사람들의 명단을 정리해보면 〈표 0〉과 같다.*

<표 0> 소작인회 의장 역할을 한 인물 명단

| 시기 | 의장<br>(사회) | 비고 | 전거 |
|---|---|---|---|
| 1924.03.21 | 서태석 | 1회 정기총회 | 동아일보, 1924.04.02 |
| 1924.07.27 | 서동오 | 임시총회 | 동아일보, 1924.08.07 |
| 1924.12.20 | 서태석 | 임시총회 | 조선일보, 1924.12.24 |
| 1925.04.25 | 서동오 | 임시총회 | 동아일보, 1925.05.14 |
| 1925.04.27 | 서동수 | 임시총회 | 동아일보, 1925.05.01 |
| 1925.06.10 | 서동오 | 집행위원회 | 시대일보, 1925.06.17 |
| 1925.10.07 | 서동수 | 14회 임시총회 | 동아일보, 1925.10.14 |
| 1925.11.10 | 서동오 | 임시집행위원회 | 동아일보, 1925.11.19 |
| 1925.11.22 | 김상규 | 임시총회 | 동아일보, 1925.12.01 |
| 1926.01.28 | 김정순 | 3회 정기총회 | 동아일보, 1926.02.01 |
| 1926.09.01 | 김정순 | 임시총회 | 동아일보, 1926.09.10 |

*위의 신문기록을 근거로 당시 의장을 맡은 적이 있는 것으로 확인되는 인물은 총 5명이다. 서태석, 서동오, 서동수, 김상규, 김정순이 소작인회 총회에서 의사결정을 진행하는 의장 역할을 했다.*

위의 예문은 논문 「암태도 소작쟁의의 주요 인물과 쟁의의 성격」(최성환, 2020)의 일부이다. 도표를 제시하기 전에 어떤 목적을 위해서 이 도표를 왜 제시하는지 간단히 설명하고 있다. 그다음에 도표가 나오고, 도표를 근거로 분석을 이어가는 방식이다. 이러한 방식으로 도표를 인용하고 활용하는 서술이 중요하다. 도표에는 〈  〉안에 일련번호를 붙이고, 이어서 도표의 제목을 표시한다. 보통 도표의 제목은 표의 위 중앙에 자리하도록 작성한다.

도표 통계에 대한 출처는 위의 예문처럼 도표 안에 포함되는 것이 가장 좋다. 그렇지 않은 경우는 도표의 아래나, 본문의 도표 번호에 각주를 달아서 출처를 밝히는 방식이 필요하다.

그림도 마찬가지이다. 다음의 예문을 통해 제시하기 전의 서술과 제시 후 분석하는 사례를 살펴보자.


[그림 인용 사례]

*감화원이 신설된 위치는 고하도에서 주민들이 밀집해 살고 있는 원마을에서 가장 멀리 떨어져 있는 곳이다. 지도를 통해 보면 그 위치적 특징을 한눈에 살필 수 있다. 다음 〈그림 0〉은 육지측량부(陸地測量部)에서 1925년 발행한 '조선오만분일형도-목포' 중 고하도 부분을 표시한 것이다.*

〈그림 0〉 고하도 감화원 위치

　〈그림 0〉의 A구역이 감화원이 설치된 위치이고, B는 고하도 섬 주민들이 거주했던 마을 공간, C는 목포항 시가지 방향이다. 지도에 '용두(龍頭)'라고 표기되어 있는 고하도 용머리 서쪽의 돌출된 지형에 바다를 통해 감화원으로 출입할 수 있는 부두를 만들고, 그 주변에 감화원을 설치했다. 주민들의 거주 공간과는 최대한 멀리 떨어진 위치이다. 목포항 시가지 방향에서 바라볼 때도 고하도 용머리 우측 '병풍암(屛風岩)' 지형에 가로막혀 감화원의 모습은 자연스럽게 은폐되는 위치에 해당한다.

*목포 해안가에서 바라볼 때 산 너머 해안가이므로*
*감화원의 모습이 시야에 들어오지 않는다. 당시 대*
*도시였던 목포와 매우 인접해 있는 위치의 섬이지*
*만 철저하게 외부와 격리된 공간에 감화원이 설치*
*되었다.*

위의 예문은 논문 『목포 고하도 일제강점기 역사유적의 내력과 그 성격에 대한 고찰』(최성환, 2017)의 일부이다. 그림이 나오기 전에 어떤 목적을 위해 그림을 제시하는지를 먼저 밝히고 있다. 그림이 나온 후에는 그림을 활용해서 관련 분석을 상세히 서술하는 방식이다. 일반적으로 그림의 일련번호와 제목은 해당 그림의 아래 중앙에 표기한다. 도표나 그림을 인용하여 경우에는 이상에서 예시한 것처럼 나름의 원칙을 잘 지켜서 서술하는 것이 필요하다.

# 3.9 참고문헌 정리하기

참고문헌은 논문의 가장 끝에 따로 정리하는 부분이다. 논문을 작성하는 데 연구자가 참고하거나 활용한 문헌자료를 유형별로 제시하게 되어있다.

참고문헌을 논문에 적는 이유는 크게 3가지이다. 연구에 도움을 받은 자료를 안내하고, 관련 서지사항을 소개하는 것, 연구자가 이 논문을 쓰면서 살펴본 자료의 총괄적 범위를 보여주는 것, 논문 심사자나 독자가 이 논문의 정확성을 검증할 수 있는 관련 데이터를 제시하는 기능이다.

본문에서 각주를 통해 인용문의 출처가 제시되지만, 참고문헌에 별도로 정리하는 이유가 있다. 각주는 본문에 직접 인용한 자료만 제시하지만, 참고문헌은 더 폭넓게 연구자가 도움을 받은 자료를 종합적으로 소개하는 목적이다. 물론 본문에 인용된 참고자료는 반드시 참고문헌에도 포함되어야 한다. 나아가서 논문의 성과에 대해서 객관적으로 검증할 수 있는 자료를 제공한다는 의미도 담겨있다.

참고문헌을 정리하는 양식도 대학이나 학술지마다 별도로 지정되어 있다. 원고 집필 초창기부터 정해진 양식을 참조하여 정리하는 것이 유용하다. 연도가 맨 뒤로 가기도 하고,

필자 이름 다음에 표기되기도 한다. 어떤 학술지는 출판물의 인쇄처를 반드시 표기해야 한다. 이러한 기본 정보 내용을 나중에 한꺼번에 수정하려고 하면 힘이 든다. 처음부터 미리 확인하면서 정리하는 것이 효율적이다.

참고로 목포대학교 도서문화연구원에서 발간하는 등재학술지 『도서문화』의 각주 및 참고문헌 작성 기준을 소개하면 다음과 같다.


[각주 및 참고문헌 작성 지침 사례]

1. 단행본은 저자명, 저서명, 출판사, 발행연도, 면수 순으로 기재하고, 잡지 또는 정기간행물은 필자명, 논문제목, 학술지명, 권수, 편집·발행처, 발행연도, 면수 순으로 기재한다. 참고문헌은 위의 표기방식을 따른다. 단, 단행본의 경우 인용한 쪽수 표시는 할 필요가 없으며, 논문의 경우 전체 쪽수만 표기한다.

2. 논문은 「 」, 단행본 및 학술지는 『 』로 표시한다.

3. 영문 논문은 " ", 영문 단행본 및 학술지는 이탤릭체로 표시한다.

4. 신문과 같은 일간지는 연·월·일을 표기하되, 마침

표( . )를 이용하여 구분한다.

5. 거듭 인용할 경우에는 '위의 책', '위의 논문', '앞의 책', '앞의 논문' 등으로 표시한다.

6. 각주에서 여러 논문을 연속해서 인용할 경우, 세미콜론(;)을 사용해서 표기한다.

7. 참고문헌의 경우 자료, 저서, 논문, 웹사이트(신문자료) 순으로 작성한다. 단 한국 문헌의 경우 저자명 가나다순으로, 외국 문헌의 경우 저자명 알파벳순으로 작성한다.

8. 각주는 다음 예시에 맞춰 작성한다.

1) 홍석준, 「아시아의 해양세계와 항구도시의 역사와 문화」, 『도서문화』 29, 목포대 도서문화연구원, 2007, 403~439쪽.

2) 김경옥, 『섬과 바다의 사회사』, 민속원, 2012, 50쪽.

3) 홍석준, 위의 논문(또는 앞의 논문), 410쪽.

4) 김경옥, 위의 책(또는 앞의 책), 104쪽.

5) 홍석준, 「아시아의 해양세계와 항구도시의 역사와 문화」, 『도서문화』 29, 목포대 도서문화연구원, 2007, 410쪽; 김경옥, 『섬과 바다의 사회사』, 민속원, 2012, 104쪽.

6) Jae-Eun Kim, "Rural landscape and biocultural

diversity in Shinan-gun, Jeollanam-do, Korea",
Journal of Ecology and Environment, 38(2), The
Ecological Society of Korea, 2015, pp.249~256.

참고문헌은 사료, 논문, 단행본, 기타 자료 등으로 구분하여 제시한다. 최근 발표된 목포대학교 사학과 석사학위 논문의 참고문헌 정리 사례를 제시하면 다음과 같다. 이해를 돕고자 분량 줄여서 제시하였다. 유형별 분류는 집필자가 편의상 몇 가지 항목으로 구분해도 된다. 보통은 사료, 논문, 단행본 등으로 구분한다.

[참고문헌 정리 예시]
1. 사료
『고려사』
『승정원일기』
『조선왕조실록』

2. 단행본
고석규, 2004, 『근대도시 목포의 역사 공간 문화』, 서울대학교 출판부
김경옥, 2004, 『조선후기 도서연구』, 혜안

_____, 2019, 『수군진 –물고기 비늘처럼 설치하다 -』, 민속원

김재근, 1982, 『조선왕조군선연구』, 일조각

_____, 1984, 『한국선박사 연구』, 서울대 출판부


3. 학술논문

김강녕, 2012, 「이순신의 수군전략과 전술」, 『이순신 연구논총』17, 순천향대학교 이순신연구소

김병륜, 2013, 「판옥선의 승조원 편성에 대한 연구」, 『이순신연구논총』20, 순천향대학교 이순신연구소

_____, 2010, 「조선시대 수군 진형과 함재 무기 운용」, 『군사』74, 국방부 군사편찬연구소

송기중, 2010, 「17세기 수군방어체제의 개편」, 『조선시대사학보』53, 조선시대사학회

송은일, 2014, 「조선시대 전라좌수영의 將軍島城 축조과정 및 배경과 李良將軍」, 『역사학연구』54, 호남사학회

_____, 2017, 「조선시대 전라좌수영 관할지역의 '선소'연구」, 『군사』105, 국방부 군사편찬연구소

한정훈, 2014, 「조선전기 '관선조운제' 연구에 대한 재검토」, 『역사문화연구』51, 한국외국어대학

교 역사문화연구소

## 4. 학위논문

김은비, 2020, 「고려시대 나주목의 구성과 기능」, 목
　　　포대 대학원 석사학위논문

박세나, 2010, 「조선시대 전라우수영 연구」, 목포대
　　　대학원 석사학위논문

## 5. 기타 보고서

국립해양문화재연구소, 2011, 『조선시대 수군진조사
　　　Ⅰ 전라우수영편』

목포대박물관, 2012, 『목포진성의 복원과 활용방안』

위에 제시한 내용은 발행연도를 필자명 다음에 배열하여
통일한 사례이다. 발행연도를 맨 끝에 정리해도 무방하다. 필
자의 이름이 중복되는 경우는 밑줄로 표시하였다. 인용 자료
의 분량이 두 줄 이상 넘어가는 경우는 논문 제목의 시작 부
분을 기준으로 줄 맞춤을 한다.

# 3.9 초록 작성법

초록은 논문의 내용을 요약해서 제시하는 부분이다. 국문 초록과 영문초록이 있다. 영문초록은 ''라고 표기한다. '요약'이라는 의미를 지니고 있다. 보통 대학생 졸업 논문이나 학술지 논문의 경우 초록의 분량은 A4 용지 기준 3분의 1쪽이나 반쪽 정도의 분량이 적당하다. 석사학위 이상의 논문은 좀 더 길게 논문의 성과를 요약하는 것이 일반적이다. 학술지의 경우는 150~200단어 내외로 정리해야 하는 분량의 제한이 있다. 때문에, 초록은 반드시 강조하고 싶은 내용 위주로 명료하게 작성한다.


## 초록의 중요성

대학생 학사 졸업 논문에는 초록을 제출하지 않는 경우가 많다. 그러나, 논문을 작성하는 과정에서 반드시 초록을 써보는 것이 좋다. 초록을 써보면 자신의 논문에 대해서 스스로 정리해보고, 그 가치를 요약할 수 있다. 초록을 썼는데 별로 내세우고 강조할 말이 없다면 그 논문은 연구사적 가치는 크지 않은 것이다. 사실은 논문의 가치가 없다기보다는 연구자 스스로가 논문을 완전히 자기 것으로 흡수하지 못했다는 증거이다.

학위논문을 심사하는 과정에서 심사위원은 연구자에 그 논문의 연구성과와 가치를 스스로 짧게 요약해서 발표해보기를 요구한다. 초록을 잘 정리해 놓아야 이 부분의 답변을 자신 있게 할 수 있다. 또한, 독자들에게 연구성과의 핵심을 전달하고, 이 논문을 읽어보도록 홍보하는 효과도 있다.


## 초록의 구성 요소

짧은 분량이지만 초록에도 들어가야 할 기본 요소가 있다. 다음과 같이 크게 4가지 내용이 반영되게 글을 작성하는 것이 좋다. 초록 아래에는 주제어를 제시한다.

[논문 초록의 구성]
논문의 목적, 연구 방향, 연구 방법, 연구 성과
주제어

먼저 시작 부분에 논문의 목적을 간단히 소개한다. 어떤 목적으로 이 연구를 진행했는데, 기존 연구와 차별성은 무엇인지 등을 언급한다. 이어서 연구 방향을 설명한다. 세부적인 목차와 연계하여 해당 내용을 제시한다. 그다음 어떤 방식으로 연구를 했는지, 그 성과가 무엇인지를 요약하는 방식으로 초록을 작성한다.

초록은 당연히 논문을 완성한 후 맨 마지막에 작성하는 것이다. 머리말의 내용과 맺음말을 혼합하는 방식이다. 너무 늘어지지 않도록 함축적으로 위의 4가지 사항을 기본 토대로 짧게 정리한다. 짧지만 이 논문의 핵심이 무엇인지 전달되도록 하는 것이 요령이다.

학위논문의 초록 페이지에는 본문 앞에 먼저 이 논문의 제목, 필자 이름, 소속, 지도교수를 가운데 정렬하여 표기한다. 기본 서식은 다음 〈표 20〉과 같다.

<표 20> 학위 논문 국문초록 페이지 기본 서식

# 1897년 목포 개항의 과정과 특징

## 홍길동

목포대학교 대학원 사학과
(지도교수 최성환)

〈국문초록〉

본 연구는 ~~~ (연구내용 요약 제시)

## 논문 초록의 주제어

학술지에 게재되는 논문 초록은 본문 아래에 이 논문의 내용과 연관성이 있는 주제어를 선정하여 제시한다. 보통은 5개 내외로 제시한다. 학위논문의 경우는 주제어를 생략하는 것이 일반적이다.

다음은 학술지에 사용된 국문 초록의 예시이다. 해당 학술지의 지침에 낱말 120자 이내로 작성하도록 정해진 사례이다. 논문 제목은 「암태도 소작쟁의의 참여 인물과 쟁의의 특징」(최성환, 2020)이다.

[초록과 주제어 예시]

암태도 소작쟁의는 일제강점기인 1920년대 중반 섬에서 발생한 농민운동이다. 이 글은 암태도 소작쟁의에 참여한 주요 인물들의 활동 사항과 쟁의 과정에서 나타나는 특징을 분석한 것이다. 전개 과정의 단계별 양상, 주도한 사람들의 활동 내력, 암태도 소작쟁의의 성격에 대한 부분을 중심으로 살펴보았다.

연구성과는 크게 3가지이다. 첫째, 그동안 알려지지 않았던 암태도 참여 주민들의 면모와 감옥생활을 한 21명의 활동 사항 등을 확인하였다. 둘째, 암태도에서 치열하게 소작쟁의가 일어난 배경을 '섬 고유의 경제환경', '청년회·소작인회·부인회 등 사회단체의 단결력', '인근 지역보다 높은 교육열'로 파악하여, 이를 상세히 분석하였다. 세 번째 암태도 소작쟁의가 단순히 농민들의 생존권을 위해 우연히 지역에서 일어난 사건이 아니라 당시 1920

년대 사회운동 흐름과 맥을 같이한다는 점을 살폈
다. 특히 독립운동가인 서태석과 박복영이 주도하
였다는 점과 서울청년회·조선노농총동맹 등과 연계
되어 활발하게 전개된 투쟁이었음을 밝혔다.

주제어: 암태도, 소작쟁의, 독립운동, 농민운동,
서태석, 박복영

첫 단락에서 본 연구의 주제, 연구 목적, 세부적인 분석내
용을 간단히 소개하였다. 다음 단락에서는 목차의 순서와 맞
춰 주요 연구성과의 핵심을 요약 제시하는 방식으로 서술되
어 있다.


## 영문초록 작성 요령

석사 이상의 학위논문에는 영문으로 된 초록이 반드시 포
함된다. 국문 초록과 같은 내용이 영어로 표기되기야 한다.
영문으로 표기할 때 혼돈의 여지가 있는 단어는 한자를 병기
하는 것이 가능하다. 영문 초록의 끝에도 키워드를 제시한다.
영문초록과 키워드 작성 기본 요령은 다음과 같다.

[영문 초록 및 키워드 작성 요령]

- 국문 내용과 동일하게 작성하기
- 저자 이름을 영문으로 표기할 때는 'Choi, Sung-Hwan' 방식으로 표기
- 제목에 들어가는 고유명사나 단어는 키워드로 제시한다.
- 단락 시작부 및 고유명사의 첫 글자는 대문자로 표기
- 영문요약문의 끝에 'Keyword'를 5개 내외로 국문 초록과 동일하게 제시
- 인명, 지명 등 한자는 가로 안에 병기하는 것이 좋음. 예) 'Mokpo(木浦)'

# 3.11 표절 방지를 위한 유사도 검사

논문이 완성되면 최종 제출 전에 반드시 거쳐야 하는 중요한 과정이 있다. 본인이 작성한 논문이 기존의 연구성과와 얼마나 유사한 점이 있는지를 확인하는 것이다. 즉, 표절과 관련하여 스스로 검증 절차를 진행해야 한다.

한국연구재단 홈페이지에서 제공하는 '논문유사도 검사' 기능이나 표절 검사 전문 사이트인 '카피킬러'를 이용하여 확인할 수 있다. '논문유사도 검사' 사이트는 약 100만 건의 국내 학술지 논문을 비교 대상으로 한다. 2014년 5월부터 관련 검사 서비스가 개시되었다. 2014년 이전 논문과 해외 논문은 검사 대상에 포함되지 않는다. '카피킬러'는 해외 논문을 포함하여 60억 건 이상의 빅데이터를 대상으로 비교 검사한다. 따라서 카피킬러의 검사가 더 엄격하다.

KCI 논문유사도 검사는 무료이고, 카피킬러는 무료의 경우는 파일 등록 용량이 제한되어 있어서 유료기능을 이용해야 하는 단점이 있다. 점차 대학별로 산학협력단에서 카피킬러 프로그램을 무료로 이용할 수 있도록 협약을 맺어 제공하고 있다.

요즘에는 학술지에 논문을 투고할 때 이와 관련 검사 결과표를 파일로 첨부하는 것이 의무이다. 대부분 대학에서 석사학위 이상의 논문도 표절을 방지하기 위해 최종 심사 전에 표절 검사결과서를 제출받아서 확인하고 있다. 아직 대학생의 학사 졸업 논문에는 의무는 아니지만 스스로 이러한 검사를 해보는 것이 필요하다. 검사 결과에 어떤 부분이 유사한지까지 지적이 되니 최대한 수정하는 과정을 거쳐 논문을 완성해야 한다.

논문유사도에 대한 검사는 다음과 같은 사이트에 가입하여 이용할 수 있다.

- KCI(한국학술지인용색인) 사이트
  - https://www.kci.go.kr/kciportal/main.kci
- 논문유사도검사 카피킬러
  - https://www.copykiller.com


## 학술지 논문 투고

최근에는 대부분 학술지가 온라인 시스템을 통해 논문 투고·심사·수정본 제출 등의 작업을 일괄적으로 진행하는 방식을 사용하고 있다. '잼스(JAMS)'가 가장 많이 사용하는 사이

트이고, 이외에 '디비피아(DBPIA)'나 자체 개발한 시스템을
운영하는 곳도 있다.

해당 학술지가 JAMS를 사용한다면 먼저 이 사이트에 회원
가입을 해야 한다. 그다음 투고하려는 해당 학술지를 검색하
여 절차에 따라 작성된 논문을 접수한다. 접수과정에서 논문
유사도 검사 결과를 함께 첨부하여야 한다. 다음은 온라인
논문 투고 및 심사시스템인 한국연구재단 JAMS의 접속 주소
이다.

- JAMS(Journal and Artical Management System) 사이트
  - https://www.jams.or.kr/portal/main/portalMain.kci

다음 〈그림 2〉는 최근 가장 많이 이용되고 있는 JAMS의
초기 화면이다.

〈그림 2〉 논문투고 및 심사시스템 JAMS의 초기 화면

초기 화면에 사용자 매뉴얼이 나와 있다. 처음 사용하는 연구자라면 이 부분을 미리 읽어보는 것이 필요하다. 상단 메뉴의 학술단체를 클릭하면 본인이 투고하고자 하는 학술단체의 개별 주소를 확인할 수 있다.

다음 〈그림 3〉은 호남사학회의 학술지 주소를 클릭하면 나오는 초기 화면이다. 개별 학회에 가입한 후 로그인하여 신규논문 제출 메뉴를 이용하여 투고 절차를 거친다. 투고 후에도 심사과정, 심사평, 최종 수정논문 제출 등이 이 프로그램을 통해 처리된다.

〈그림 3〉 JAMS 내 개별학술단체 초기 화면
(호남사학회 역사학연구 사례)

## 논문유사도 검사하기

JAMS와 연동되어있는 KCI논문유사도 검사 메뉴를 클릭하면 다음 〈그림 4〉와 같은 초기 화면이 나온다.

〈그림 4〉 KCI 논문유사도 검사 초기 화면

상단 메뉴 중에 '파일 업로드'를 클릭하면 검사할 파일을 등록하는 화면이 나온다. 2021년 8월 현재 다음 〈그림 5〉와 같은 양식이다. 검사명 부분에 관련 제목을 간단하게 적고 검사할 논문 파일을 첨부한다.

〈그림 5〉 논문유사도 검사 파일업로드 양식

파일을 등록하면 잠시 후 검사상태 부분에 '검사 가능'이라
는 메시지가 뜬다. 그러면 '유사도 검사' 버튼을 눌러서 진행
하면 된다. 검사 시간을 그리 오래 걸리지 않고, 곧바로 결
과 완료 창이 다음 〈그림 6〉과 같이 나온다.

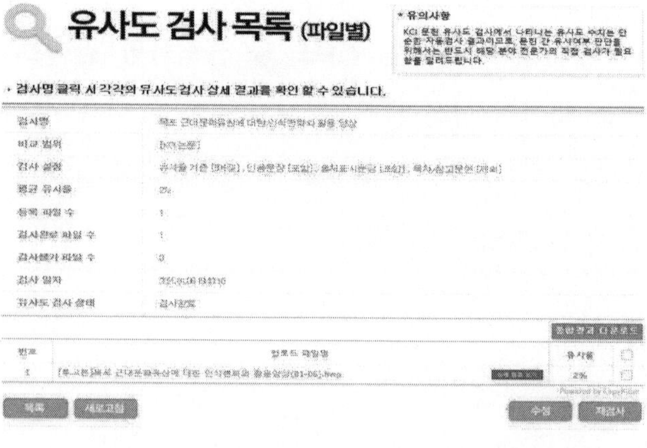

〈그림 6〉 논문 유사도 검사 결과 화면

검사 결과에 기록된 평균 유사율의 '%' 부분이 중요하다. 자신의 논문이 기존의 다른 연구성과와 얼마나 유사한지를 보여주는 수치이다. 검사 결과를 받아서 저장한 후, 학술지 논문 투고 시에 해당 사이트에 관련 파일을 첨부하면 된다.

학위논문도 이 결과를 지도교수에게 제출하는 것이 필요하다. 논문유사도 검사 결과 몇 %가 넘으면 안 된다는 규정이 따로 있지는 않다. 그러나 일반적으로 20%가 넘어가면 심사 대상에서 제외되는 경우가 많다. 가능한 10% 이내로 낮추는 것이 해당 논문의 독창성과 완성도를 높이는 것이다.

대부분 대학이나 학술지 평가에서 한국연구재단의 '논문유사도 검사' 결과를 인정해주고 있다. 다만, 보다 상세 한 검사를 위해서는 '카피킬러'의 유료 검사 기능을 이용하는 것이 좋다. '논문유사도 검사' 프로그램보다 더 많은 연구성과에 대한 비교 검사 결과를 확인할 수 있다.

**MEMO**

# 제 **4** 부

## 디지털 사료 찾기와
## 자료집 만들기

# 4부 디지털 사료 찾기와 자료집 만들기

## 4.1 디지털 사료 찾기와 추천 사이트

좋은 논문을 작성하기 위해서는 분석과 근거가 되는 사료를 충분히 확보하는 것이 중요하다. 특히, 역사 논문에서 사료는 그 논문의 가치를 가늠하는 필수 조건이다. 사료를 잘 찾아내는 사람이 논문 집필도 잘하기 마련이다. 사료를 찾아내는 과정도 역사 공부에서는 느끼는 재미 중 하나이다.

과거에는 사료를 찾기 위해서 자료의 소장처를 직접 찾아가야 했다. 서울대 규장각이나 한국학중앙연구원의 장서각 등을 방문하여 관련 사료를 열람하고 복사해 오는 과정이 필수였다. 당연히 자료를 쉽게 찾아볼 수 있는 수도권의 연구자들이 사료 접근에서 유리했다. 그러나 이제는 사료의 전산화가 이루어지고, DB 내용이 공유되면서 사료에 대한 접근이 매우 편리해졌다.

최근에는 온라인상에 역사자료를 제공하는 지식정보 사이트가 늘어나고 있다. 누구나 마음만 먹으면 연구에 필요한 자료를 쉽게 찾는 것이 가능하다. 그런 면에서 이제는 인터넷을 활용하여 디지털 자료를 잘 찾아내고, 그걸 활용하는 능력을 키우는 것이 역사 연구의 역량을 향상하는 방법이 되었다.

이제부터 현재 온라인을 통해 기초자료가 제공되고 있는 주요 사이트를 소개하고자 한다. 크게 11개의 유형으로 분류하였다. 이곳에 소개된 사이트를 직접 들어가서 어떤 자료가 검색되는지 실습해보기를 바란다. 이외에도 새롭게 자료 정보를 공유하는 사이트가 늘어나고 있으니 최신정보를 파악해보는 것도 필요하다.

가장 기본인 역사정보통합시스템 사이트의 경우에 다른 도서관이나 관련 기관의 정보도 종합적으로 검색해 준다. 그러나, 개별 사이트마다 정보 제공의 특징이 있고, 종합검색에서는 누락 되기도 한다. 가능한 개별 사이트를 자주 이용해 보는 연습이 필요하다. 연구자가 주로 사용하는 PC나 노트북의 인터넷 검색프로그램에 즐겨찾기로 정리해 놓고, 이를 파일로 저장해 놓으면 편리하다. 사용하는 기기가 변해도 즐겨찾기 목록을 읽어와서 어느 곳에서나 저장해둔 사이트에 대한 검색이 가능하다.

과거 인터넷이 우리 사회에 막 보급되기 시작할 때, '인터넷 정보검색사'라는 자격증이 있었다. 인터넷에 있는 자료를 얼마나 빠르게 검색하여 결과를 찾아내는 것인지가 자격증 취득의 시험방법이었다. 이제는 인터넷 검색이 일상이 되었다. 역사 연구에 필요한 자료도 인터넷에 널려 있지만, 여전히 자신에게 필요한 자료를 빠르게 찾고 활용하는 면에서는 능력의 차이가 난다.

역사자료 찾기 검색 능력을 키우기 위해서 사료 관련 DB 사이트를 수시로 이용하는 것이 일상이 되어야 한다.


## 1) 기초 사료 검색 사이트

자료를 찾는 데 가장 기본이 되는 역사정보를 통합적으로 검색할 수 있고, 관련 원문을 제공하는 사이트를 파악하여 자주 이용해야 한다. 연구자들이 가장 많이 활용하는 대표적인 역사정보 제공 사이트의 목록은 다음과 같다. 이 사이트들만 잘 활용해도 기본 자료를 찾는 것이 가능하다.

[역사정보 관련 대표 사이트]
- 한국역사정보통합시스템
  http://www.koreanhistory.or.kr
- 한국사데이터베이스 http://db.history.go.kr

- 규장각한국학연구원 https://kyu.snu.ac.kr
- 한국학디지털아카이브 http://yoksa.aks.ac.kr
- 한국학자료포털 http://kostma.aks.ac.kr
- 한국역대인물종합정보
  http://people.aks.ac.kr/index.aks
- 국가문화유산포털
  http://www.heritage.go.kr/heri/idx/index.do
- 호남기록문화시스템 http://honam.chonbuk.ac.kr
- 호남한국학종합DB http://db.hiks.or.kr
- 한국학 진흥사업 성과포탈 http://waks.aks.ac.kr

이 중에서 가장 많이 사용하는 곳은 국사편찬위원회에서 구축·관리하고 있는 '한국역사정보통합시스템'이다. 연구자들 사이에서는 줄여서 '역통'이라 불린다. 한국 역사자료를 체계적이고 종합적으로 전산화하여 사용자들에게 제공하고 있다. 다양한 역사 관련 전문기관이 전문센터로서 참여하여 역사자료 통합데이터베이스를 구축하고 있다. 고도서, 고문서, 도서, 문서, 연속간행물, 고전국역서, 연구자료, 목록·해제, 인물, 지도, 사전, 연표, 멀티미디어 자료, 유물-유적, 금석문자료 등으로 구분되어 있다. 검색단어의 관계성까지 파악하는 시소러스(thesaurus) 검색 기능을 갖추고 있어 가장 폭넓

게 자료가 검색되는 장점이다. 만약 역사자료를 찾기 위해
인터넷 검색을 시작한다면 가장 먼저 시작하는 곳이 바로
'한국역사정보통합시스템'이다. 다음 〈그림 7〉은 한국역사정
보통합시스템의 초기 화면이다.

〈그림 7〉 한국역사정보통합시스템 초기 화면

검색단어를 입력할 때는 약간의 요령이 필요하다. 한글과
한자로 입력했을 때 조회되는 결과가 다르다. 예를 들면, 한
글로 '목포'라고 입력하면 총 36,799건이 뜬다. 반면, 한자
로 '木浦'라고 입력하면 검색 결과가 총 19,791건으로 줄어
든다. 1차 검색 후 '결과 내 검색' 기능을 이용하면 좀 더

구체화 된 자료를 찾는 것이 가능하다. 검색한 자료를 모두 살펴보는 것도 쉬운 작업이 아니니, 검색하고자 하는 대상을 가능한 구체화 시켜나가는 요령을 익혀야 한다.

'한국사데이터베이스'도 국사편찬위원회에서 구축·관리하는 역사정보서비스 사이트이다. 한국사 주요 자료를 이용자가 쉽게 찾고 본문까지 열람할 수 있도록 정보를 제공하고 있다. 대부분 자료가 본문 텍스트까지 구축되어있다. 시대별, 형태별 일람이 가능하도록 메뉴가 구성되어 있다. 시대별은 통사, 고대, 고려시대, 조선시대, 대한제국, 일제강점기, 대한민국으로 구분된다. 종합검색창에서 단어나 주제로 검색하는 게 가능하다. 연구자가 찾고자 하는 자료의 성격이 명확하다면 해당 카테고리로 들어가서 검색하는 것도 좋다. 한국사 연구에서 가장 기초 자료가 되는 조선왕조실록, 고려사, 삼국사기 등의 자료를 온라인을 통해 쉽게 검색하고 읽을 수 있다. 다음 〈그림 8〉은 한국사데이터베이스의 초기 화면이다.

〈그림 8〉 한국사데이터베이스 홈페이지 초기화면

대부분 자료가 '역사정보통합시스템'과 연계되어 있으나 검색 결과는 조금 차이가 있다. '목포'라는 키워드로 검색하면 한국사데이터베이스에서는 총 32,151건이 검색되고, 한국역사정보통합시스템에서는 총 36,799건이 검색된다. 따라서 면밀한 검색을 위해 교차하여 두 사이트를 모두 활용해야 한다.

'한국학디지털아카이브'는 한국학중앙연구원 장서각 자료를 기반으로 하고 있다. 장서각은 조선왕실에서 소장하던 귀중한 고문헌들을 수집·관리하는 도서관이자 연구소이다. 조선의 궁궐에서 보관하던 12만여 책의 왕실 도서와 전국에서 수집한 민간 고문헌 6만여 점을 바탕으로 한국학 자료를 디지털화하고 있다. 고도서, 고문서, 사진·회화, 음성자료, 사전·공구자료로 구분되어 있다.

'한국학자료포털'은 한국학중앙연구원에서 고문서, 고서 등 국내외에 산재한 각종 역사자료를 체계적으로 수집하여 집적한 자료로 구성되어 있다. 규장각, 장서각의 국가 전적과 강원권역, 영남권역, 호남권역, 해외 권역별로 수집한 고문서와 전적 관련 자료가 중심을 이룬다. '한국역사정보통합시스템'에 집적되지 않은 지역별 새로운 고문서 자료들을 확인할 수 있는 장점이 있다. 권역별 홈페이지가 별도 구축되어있어서 관심 있는 권역의 자료만 따로 검색할 수 있다.

'한국역대인물 종합정보시스템'은 한국학중앙연구원에서 구축한 인물 관련 DB이다. 고대부터 현대까지 인물정보만 따로 집적한 사이트이다. '국가문화유산포털'은 문화재청에서 구축한 문화재 정보이다. 지역별, 유형별 문화재 검색이 가능하다.

최근 지방사 연구가 점차 활성화되면서 권역별 자료를 집적하는 사이트도 늘어나고 있다. 호남학 연구와 관련해서는 '호남기록문화시스템'과 '호남한국학종합DB'가 운영되고 있다. '호남기록문화시스템'은 전북대학교 박물관과 순천대학교 박물관이 전라도 소재 각 대학 박물관 및 공공박물관에 소장하고 있는 고문서를 자료화한 사이트이다. '호남한국학종합DB'는 재단법인 한국학호남진흥원에서 수집·조사한 고문서, 문집, 일기, 향안 및 계문서 등의 자료에 대한 정보를 제공하고 있다.


## 2) 고전 및 고문서 자료 검색 사이트

역사 논문 작성에 필요한 근거자료를 다양하게 확보하기 위해서는 고전에 대한 분석과 활용을 잘해야 한다. 이와 관련하여 '한국고전종합DB'를 시작으로 다양한 사이트들이 등장하고 있다. 원문 정보 외에 번역문도 함께 제공하는 사이트를 잘 활용하면, 관련 정보를 파악하고 연구의 속도를 높일 수 있다. 고전 정보를 제공하는 대표 사이트의 목록을 제시하면 다음과 같다.


[고전 관련 대표 사이트]
- 한국고전종합DB http://db.itkc.or.kr
- 디지털장서각 http://jsg.aks.ac.kr

- 한국고전적종합목록시스템
  https://www.nl.go.kr/korcis/
- 동양고전종합DB
  http://db.cyberseodang.or.kr/front/main/main.do
- 남명학 고문헌 시스템
  http://nmh.gsnu.ac.kr/index.jsp
- 한국가사문학 http://www.gasa.go.kr/
- 옛문서생활사 박물관 https://life.ugyo.net/index.do
- 조선왕조실록 http://sillok.history.go.kr

'한국고전종합DB'는 한국고전번역원에서 구축한 사이트이다. 역사연구자들이나 고전문학 연구자들이 가장 많이 활용하는 사이트 중 하나이다. 고전번역서, 조선왕조실록, 승정원일기, 일성록, 한국문집총간 등이 담긴 고전문헌 종합 데이터베이스이다. 연구자들에게는 역사 연구의 기초자료를 제공하고, 일반인들에게 고전을 손쉽게 열람할 수 있도록 하는 기능을 하고 있다. 문집류, 역사류, 법제류, 총집류, 의궤류 등 다양한 종류의 고전번역서와 조선시대 관찬 사료인 조선왕조실록, 승정원일기, 일성록 등을 살펴볼 수 있다. 예를 들어, 검색창에서 한자로 '木浦(목포)'를 입력하면 총 421건의 자료가 뜬다. 각종 고전번역서 132건, 한국문집 67건을 비롯하여 조선왕조실록, 승정원, 일성록에 담긴 목포 관련 기사가 한꺼번에 검색된다. 무엇보다 평소 쉽게 접근하기 어려운 개인 문집 속의 관련 내용도 확인할 수 있다는 점이 장점이다.

'디지털장서각'은 조선시대 왕실에서 보관해오던 고전들의 원문을 제공하는 사이트이다. 고문서와 고서를 중심으로 유형별, 주제별 검색이 가능하다. 현재는 서지와 해제, 원문 이미지가 제공되고 있다. '한국고전적종합목록시스템'은 국립중앙도서관 고문헌과에서 구축한 한국 고서의 통합데이터베이스이다. 또한, 이 사이트에는 동양 연표를 검색하는 기능이 포함되어 있어서 논문을 작성하다가 연호 등의 정확한 연도를 확인하는 작업에 활용하기 좋다.

'동양고전종합DB'는 논어 등 동양고전에 대한 번역서와 원문, 동양고전 용례 등을 제공한다. 유가 13경, 춘추좌씨전, 통감절요 등의 동양고전을 확인할 수 있다. '남명학고문헌시스템'은 행정안전부 국가DB 구축사업으로 마련된 사이트이다. 경상대학교 도서관 문천각 소장 자료 중 경상우도지역 역사와 문화를 연구하는데 기초자료가 되는 유학자 문집, 기록류, 고서 해제, 고문서, 책판 등을 디지털 자료로 구축하였다.

'한국가사문학'도 국가지식DB 사업으로 담양군과 한국가사
문학관에서 구축한 사이트이다. 가사 문학 관련 자료를 중심
으로 고문서, 전적, 누정 유물 등이 제공되고 있다. '옛문서
생활사박물관'은 한국국학진흥원에서 문서를 통해 보는 선조
의 삶이라는 주제로 구축한 사이트이다. 문집, 일기류, 목판,
고문서 등 전통기록유산에 대한 정보를 제공하고 있다. 정치
생활문서, 경제생활문서, 사회생활문서, 문화생활문서, 교육
생활문서, 가족생활문서로 구분되어 있다.

'조선왕조실록'은 국사편찬위원회에서 구축한 사이트이다.
조선왕조실록은 '한국사데이터베이스' 등 다른 역사정보DB
사이트에서도 연계 검색이 가능한 자료지만, 별도의 독립된
사이트로도 운영이 되고 있다. 조선왕조실록의 국역문과 원
문을 검색할 수 있다. 1대 태조부터 25대 철종 시기의 기록
과 함께 고종과 순종 시기의 기록이 담겨있다. 역사연구자가
가장 자주 이용하는 DB 중 하나이니, 즐겨찾기를 해 놓고
수시로 살펴보는 것이 좋다. 다음 〈그림 9〉는 조선왕조실록
사이트의 초기 화면이다.

〈그림 9〉 조선왕조실록 홈페이지 초기화면

## 3) 도서 자료 검색 사이트

역사 논문을 쓰기 위해서는 기존에 발간된 보고서나 출판물에 대한 검토도 필수이다. 이러한 부분은 도서관 관련 인터넷 사이트를 잘 활용해야 한다. 자료를 검색하고, 파일로 전산화되어 있는 자료들을 수집 분석하는 과정이 필요하다. 참고문헌과 기초 분석자료를 확보하기 위해서 어떤 자료가 어느 도서관 사이트에 등록이 되어있는지를 우선 검색하여 파악해야 한다. 일제강점기에 발간된 각종 출판물이나 보고서 같은 자료들도 여러 도서관 관련 사이트에 DB되어 있다. 대표적인 도서관 관련 사이트는 다음과 같다.

[도서 관련 대표 사이트]
- 국립중앙도서관 https://www.nl.go.kr
- 국회도서관 https://www.nanet.go.kr/main.do
- 일본국회도서관
  https://www.ndl.go.jp/ko/index.html
- 국가전자도서관 http://www.dlibrary.go.kr
- 문화재청 전자도서관 http://library.cha.go.kr
- 한국학도서관 https://lib.aks.ac.kr/index.ax

'국립중앙도서관'은 문화체육관광부에서 운영하는 한국을 대표하는 도서관 사이트이다. 가장 많은 자료가 전산화되어 있고, 원본 파일도 제공되고 있다. 국내에서 책을 출판하면 국립중앙도서관에 의무로 납본을 하게 되어있어 최신 출판물에 대한 정보까지 상세하게 살펴볼 수 있다. 일반 도서 외에 고문헌, 학위논문, 잡지, 신문, 멀티미디어 자료, 해외 한국 관련 기록물도 검색된다. 온라인 보기가 가능한 자료들이 점차 늘고 있어 연구자에게 정말 보물 같은 자료들을 편하게 살필 수 있다. 다만, 일부 자료들은 협약을 맺은 도서관에 직접 가야 온라인 보기가 가능하게 되어있다. 온라인 보기가 가능한 자료는 이미지 파일로 받는 것이 가능하다. 다만, 한 페이지씩 저장해야 하는 단점이 있다.

'국회도서관'은 국회도서관에서 소장하고 있는 자료를 제공하고 있다. 상당히 방대한 자료가 집적되어 있고, 국회의원 정책자료나 국회 기록 정보도 볼 수 있다. '국립중앙도서관'을 기초로 하고, '국회도서관' 사이트도 교차로 검색하여 활용하는 것이 필요하다.

'일본 국립국회도서관'은 일본의 국립국회도서관에서 소장하고 있는 자료를 인터넷을 통해 검색할 수 있는 사이트이다. 근대기 자료와 국내 도서관에 없는 한국 관련 자료가 상당히 많이 포함되어 있다. 가장 큰 장점은 온라인 보기가 가능한 자료의 경우에 전체 파일을 받을 수 있는 기능이다. 예를 들면, 1930년에 발간 된 『목포부사』라는 책의 경우 국립중앙도서관 사이트에서도 검색은 가능하다. 국립중앙도서관에서는 한 페이지씩 저장되는데, 그에 반해 일본국회도서관에서는 책 전체를 PDF 파일로 받을 수 있다. 자료의 해상도 역시 매우 좋은 편이다. 깨끗한 화질의 원본을 온라인으로 보고, 저장할 수 있다. 구글을 이용해서 접근하면 자동번역 기능이 지원되니, 누구나 어렵게 않게 관련 자료의 검색이 가능하다. 특히 근현대사 전공자라면 일본국회도서관 사이트를 자주 이용해 보기를 권장한다.

'국가전자도서관' 사이트에는 국립중앙도서관, 국방전자도
서관, 국회도서관, 농업과학도서관, 법원도서관 등 여러 도서
관의 자료가 연동되어있다. '문화재청 전자도서관'에는 문화
재청 자료실과 문화재청 산하 주요 연구기관의 소장 자료를
검색할 수 있다. '한국학도서관'은 한국학중앙연구원이 소장
하고 있는 도서를 검색할 수 있는 사이트이다.


## 4) 신문 자료 검색 사이트

한국 근현대사 연구자에게 가장 기초가 되는 사료는 당대
에 발행된 신문의 관련 기사이다. 고려사나 조선왕조실록처
럼 시대 전체를 아우르는 1차 사료의 역할을 신문자료가 대
신한다. 점차 신문사별 독립적인 DB 사이트가 늘어나고 있
어 연구자에게는 정말 가뭄의 단비와 같이 반가운 실정이다.
2020년에 동아일보와 조선일보가 개별 DB 사이트를 오픈했
다. 신문기록을 검색할 수 있는 대표적인 사이트는 다음과
같다.

[신문 자료 대표 사이트]

- 네이버 뉴스라이브러리
  https://newslibrary.naver.com
- 조선뉴스라이브러리 100
  https://newslibrary.chosun.com
- 동아디지털아카이브
  https://www.donga.com/archive/newslibrary
- 대한민국 신문 아카이브
  https://nl.go.kr/newspaper
- 뉴스뱅크 http://image.newsbank.co.kr

'네이버 뉴스라이브러리'에는 1920년대부터 1990년대까지의 신문기록이 집적되어 있다. 경향신문, 동아일보, 매일경제, 조선일보, 한겨레 등이 포함된다. 날짜검색, 키워드검색이 가능하다. 국문 기록과 신문원문을 함께 볼 수 있다. 개별신문사의 DB가 오픈되기 전까지 가장 유용한 신문검색 사이트였고, 지금도 많이 활용되고 있다.

'조선 뉴스라이브러리100'은 조선일보 기사 DB 사이트이다. 1920년 창간호부터 관련 기사를 검색하고, 국문과 원문을 함께 볼 수 있다. 가장 큰 장점은 신문 기사의 텍스트를 그대로 갈무리하여 복사하는 것이 가능하다는 점이다. 물론 번역된 국문에 오타가 있기도 해서 논문에 자료로 인용 시에는 반드시 원문의 내용을 확인하는 것이 필요하다. 2020년도 이 사이트가 오픈하기 전에는 인터넷을 통해 조선일보 자료를 찾는 과정이 쉽지 않았다. 기존 다른 정보검색사이트에서는 일부 자료만 검색이 되는 경우가 대부분이었다.

'동아디지털아카이브'는 동아일보의 기사를 보여주는 사이트이다. 1920년 발간 후 일제강점기부터 현대까지의 기사가 망라되어 있다. '대한민국 신문 아카이브'는 국립중앙도서관에서 구축한 신문정보 DB이다. 한국 근현대사의 정치·경제·사회·문화 연구에 중요한 사료적 가치를 지닌 1883년부터 1960년까지 신문 98종의 기사(620만 건)와 색인(1800만 건)을 구축하여 서비스하고 있다. 전국에서 발간된 지방신문까지도 검색이 가능하다는 장점이 있다.

'뉴스뱅크'는 25개 언론사의 보도사진을 집적한 DB 사이트이다. 당시의 사회상을 이미지 자료를 통해 분석하는 데 활용할 수 있다. 신미양요와 병인양요 등 개항기의 주요 사건이 담긴 사진을 비롯해 일제강점기부터 해방 후, 6.25 전쟁, 민주화 시대를 거쳐 대한민국 근현대사의 중요 장면과 관련된 주요 보도 사진을 살필 수 있다.

## 5) 지도 자료 검색 사이트

　역사 연구에서 공간에 대한 분석은 매우 중요한 영역이다. 공간 분석에 가장 필수인 자료는 당대의 지형을 담은 지도이다. 지도에는 공간에 대한 형태뿐만 아니라 지명과 함께 현장을 살필 수 있는 기초 정보도 함께 포함되어 있다. 때로는 일반 텍스트 자료에서 파악하지 못하는 유일한 정보를 제공하기도 한다. 지도는 고려시대에 편찬된 『삼국사기』·『삼국유사』 등을 비롯하여 조선시대에 제작된 각종 지리지에 포함되어 있다. 조선 후기에는 서구식 지도가 국내에 유입되었고, 국내에서 제작되는 지도의 형태도 다양해졌다. 조선전도, 관방지도, 북방강역지도, 지방지도 등이 대표적이다.

　지방사를 연구하는 사례에서는 1872년 조선 후기 지방지도가 필수로 검토해야 하는 기초자료이다. 근대사 연구에도 지도는 매우 중요하다. 조선총독부 기록물을 비롯하여 일제강점기 육지측량부에서 제작한 지도가 대표적이다.

　앞에서 소개한 각종 '한국사데이터베이스' 등 역사정보서비스 사이트에서 기본적으로 지도자료에 대한 검색이 가능하다. 그러나 다음에 소개하는 지도 관련 특화된 사이트 주소를 알아두면 더 편리하다.

[지도 자료 대표 사이트]

- 국토정보 플랫폼 http://map.ngii.go.kr
- 국립지리원 지도박물관 http://map.ngii.go.kr
- 내고향 역사알기
  https://theme.archives.go.kr/next/oldhome/viewMain.do
- 문화재공간정보서비스
  http://gis-heritage.go.kr/main.do

'국토정보플랫폼'은 국토교통부 국토지리정보원에서 대한민국의 지도정보를 제공하기 위해 지도자료와 시각화 정보를 구축하고 있는 국토정보맵 사이트이다. 지도를 기반으로 수치지도, 항공사진, 정사영상, 국가기준점, 통계 등에 대한 정보를 제공하고 있다. 국토정보맵, 공간정보, 자료실로 구성되어 있고, 국토통계지도, 북한지도, 역사 지도, 정밀도로지도 등이 제공된다. 이외에 대동여지도, 삼일운동지도, 구지도 등도 확인할 수 있다. 영상지도를 확인할 수 있다는 점도 가장 큰 장점이다. 주요 도시의 공간에 대한 시기별 항공사진도 볼 수 있다. 이러한 자료는 도시공간의 변화를 살피는 데 소중한 자료이다. 다음 〈그림 10〉은 국토정보플랫폼 사이트의 초기 화면이다.

〈그림 10〉 국토정보플랫폼 홈페이지의 초기화면

‘국립지리정보원 지도박물관’에도 유용한 지도가 많다. 이 사이트에는 지도박물관 옛 지도집 등의 자료가 등록되어있다. 전체 파일을 다운받을 수 있다. 학습 자료실에 각종 근대 지도자료가 등록되어있다.

‘내 고향 역사알기’는 행정안전부 국가기록원에서 구축한 사이트이다. 지방과 관련된 기초자료를 제공하고 있다. 조선 총독부의 지방행정 체제 개편과 통치체제와 관련된 지도와 관련 기록이 중심이다. 대한제국기, 일제강점기, 현재로 구분되어 내 고향 옛 지도를 볼 수 있게 되어있다. 1914년 행정구역 개편 시기의 자료가 많다.

'문화재공간정보서비스(Heritage Geographic Information System)'는 문화재청에서 문화재 정보와 지도정보가 결합하여 제공하는 사이트이다. 위치 정보를 기반으로 문화유산 콘텐츠 활용이 가능하도록 구축된 정보시스템이다. 문화재의 사진 및 도면, 영상, 설명 등의 정보가 위성 기반의 위치 정보와 함께 지도 서비스로 제공되고 있다. 이 사이트는 공간 분석에 활용하면 좋다. 도시사에 연구에도 도움을 받을 수 있다. 예를 들어, 사이트에서 '목포'를 입력하면 지도위에 문화재의 위치가 한꺼번에 표시된다. 어느 위치에 어떤 문화재들이 자리하고 있는지 공간을 이해하는 자료가 된다.

## 6) 영상·사진 자료 검색 사이트

영상과 사진(이미지) 자료도 역사 연구에 매우 중요한 자료이다. 특히, 근현대사 연구자에게 영상자료는 사료적 가치가 크다. 이미지 자료의 경우는 '한국역사정보시스템' 등 역사 관련 정보사이트에서도 검색은 가능하다. 일반적인 자료 외에 영상과 사진을 제공하는 몇몇 개별 사이트에 대한 정보를 파악하여 활용해보면 더 편리하다. 대표 사례를 소개하면 다음과 같다.

[영상 사진 자료 대표 사이트]
- 문화유산 연구지식포털 금석문 자료
  https://portal.nrich.go.kr
- 한국근현대사 영상 아카이브 http://kfilm.khistory.org
- 한국영상자료실 https://www.koreafilm.or.kr/main
- ktv대한늬우스
  https://www.youtube.com/channel/UC8_LPVE4Yuc6
  KF0opF6uS_w/videos
- 조선사진엽서DB
  https://kutsukake.nichibun.ac.jp/CHO/index.html?p
  age=1

'문화유산 연구지식포털'은 국립문화재연구소에서 구축한 정보사이트이다. 고고, 미술, 건축 문화유산과 관련된 정보를 제공하고 있다. 특히 역사연구자에게는 이 사이트에서 제공하는 한국금석문 자료가 유용하다. 기존에는 한국금석문종합영상정보시스템이라는 사이트가 별도 운영되었는데, 현재는 이 사이트에서 승계하여 관련 정보를 제공하고 있다. 국내를 대표하는 금석문 3,838건에 대해 관련 정보와 원문, 번역문

등을 제공하고 있다. 관련 내용을 파일(Pdf)로 받을 수 있다. 예를 들어 '고하도'로 검색하면, 목포 고하도에 있는 '이순신 고하도유허비'에 대한 소개, 비의 원문, 번역문이 들어있는 자료가 제공된다.

'한국근현대영상아카이브'는 고려대학교 한국사연구소 역사 영상융합연구팀에서 구축한 사이트이다. 뉴스영화, 문화영화, 비편집 영상 등을 제공하고 있다. 국내외에 소장된 한국근현 대사 관련 영상자료를 수집하여 이에 대한 DB를 구축하였 다. 영상에 대한 소개와 함께 관련 이미지, 영상 파일 등을 받을 수 있다. 일부 영상은 파일로 다운이 가능하여 분석 자 료로 활용하는데 편리하다.

'KTV대한늬우스'는 KTV국민방송에서 유튜브에 개설하여 운영하는 동영상 전문 채널이다. 옛 대한뉴스 영상이 등록되 어있고, 검색도 가능하다. 현대사의 주요 장면과 사회상을 영 상을 통해 살펴보는 자료로 활용할 수 있다.

'조선사진엽서 데이터베이스'는 일본 교토 국제연구센터 (International Research Center for Japanese Studies)에서 온 라인 서비스를 제공하고 있다. 일제강점기 엽서 총 8,382건 이 등록되어있다. 키워드검색을 통해 관련 주제나 도시별 사 진엽서를 확인할 수 있다. 등록된 자료의 화질이 매우 좋아 서 경관이나 사회상 분석에 좋은 자료이다. 예를 들어, '神社

(신사)'라고 검색창에 입력하면 일제강점기 조선 신궁을 비롯하여 전국의 신사 관련 사진엽서를 볼 수 있다.


## 7) 근현대 기록물 자료 검색 사이트

한국근현대사를 전공하는 연구자에게 유용한 사이트들도 있다. 가장 많이 활용되는 국가기록원 사이트를 비롯하여 몇 가지 특화 주제와 관련하여 자료 정보를 제공하는 사이트가 운영되고 있다. 대표적인 사례를 제시하면 다음과 같다.


[근현대 기록물 자료 대표 사이트]
- 국가기록원
  http://www.archives.go.kr/next/viewMain.do
- 대통령기록관 http://pa.go.kr/index.jsp
- 오픈아카이브스 https://archives.kdemo.or.kr/main
- 동학농민혁명 종합지식정보시스템
  http://www.e-donghak.or.kr/index.jsp
- 삼일운동 데이터베이스 http://db.history.go.kr/samil
- 5.18민주화운동기록관 http://www.518archives.go.kr
- 근현대사 디지털아카이브

http://archive.much.go.kr/index.do

- 조선총독부 기록물
  http://theme.archives.go.kr/next/government/viewMain.do
- 경기도메모리 https://memory.library.kr
- 한국교원대학교 교육박물관
  https://museum.knue.ac.kr/smain.html

'국가기록원'은 행정안정부 산하 우리나라의 기록물을 보존 처리하는 전문기관이다. 국가기록원 사이트에서는 정부 기록 문서를 중심으로 근현대 다양한 기록을 검색할 수 있다. 상당수 자료가 온라인으로 공개되고 있다. 예를 들어, '목포'라고 검색하면 총 26,245건의 기록물의 목록으로 나타난다. 일반문서류, 도면류, 사진과 필름류, 녹음과 동영상류, 카드류, 정부간행물류로 구분된다. 이중 공개가 18,228건이고, 나머지는 부분공개나 비공개 처리되어 있다. 대부분 자료가 공개이고, 온라인으로 원문 확인이 가능하다. 최근 현대사 관련 자료도 망라되어 있다. 국가기록원 사이트는 특히 근현대사나 지방사를 연구하는 사람에게는 매우 유용하다. 자주 방문하여 검색 연습을 해보는 것이 좋다.

'대통령기록관'은 이승만부터 박근혜 정부까지 역대 대통령

시기의 기록물을 보존 관리하는 곳이다. 2021년 8월 현재 총 31.300,064건의 대통령기록물이 소장되어 있다. 현대사의 주요 사건과 사회상 관련 연구에 활용하기 좋다.

'오픈아카이브스'는 민주화운동기념사업회에서 구축한 사료관 사이트이다. 민주화운동기념사업회 사료관은 한국 민주화운동 사료를 수집·정리하여 온라인을 통해 정보를 제공하고 있다. 사료 컬렉션, 사진 아카이브, 사료 콘텐츠, 구술 아카이브로 구분되어 있다. 사료 컬렉션에는 4.19혁명, 한일협정 반대운동, 3선개헌 반대운동, 유신헌법 반대운동, 부마항쟁, 5.18민주화운동, 6.10민주항쟁 등 주요 민주화운동에 대한 사료와 1960년대부터 시대별 주요 사건에 대한 사료가 구축되어 있다. 현대사 연구자에는 많은 도움이 되는 사이트이다.

'동학농민혁명 종합지식정보시스템'은 동학농민혁명기념재단에서 구축·운영하는 사이트이다. 동학 관련 연구논저, 자료마당(동학농민전쟁 사료총서), 증언록, 연표, 일지, 자료소개로 구성되어 있다. 자료마당에서 키워드별 검색이 가능하다. 예를 들어, '무안'이라고 입력하면 총 297건의 무안 동학 관련 기사가 검색되어 관련 정보를 볼 수 있다.

'삼일운동 데이터베이스'는 3.1운동 100주년을 기념하여 국사편찬위원회에 구축하여 운영하고 있다. 3.1운동과 관련하여 소요사건 관계서류, 일본외무성기록, 도장관보고, 판결문, 한일관계사료집, 매일신보, 독립신문, 신한민보 등의 자료가 집적되어 있다.

'5.18민주화운동기록관'은 1980년 발생한 5·18민주화운동에 대한 역사적 기록들을 보존하고 온라인을 통해 정보를 제공하는 곳이다. 전자자료 총서를 비롯하여 다양한 기록물과 영상자료를 찾을 수 있다.

'근현대사 디지털아카이브'는 대한민국역사박물관에서 운영하는 사이트이다. 대한민국의 근현대사를 증명하는 다양한 사료의 수집·관리 및 서비스를 통하여 근현대사 연구 및 기반 문화산업의 활성화에 이바지하는 목적으로 구축·운영되고 있다. 통합 검색 외에 정치행정, 경제산업, 사회환경, 교육과학, 문화예술 등 주제별 검색이나 시대별과 형태별로 자료를 찾을 수 있다.

'조선총독부 기록물'은 국가기록원에서 구축한 사이트이다. 조선총독부 기록물의 개요를 소개하고 있으며, 총독부 부서별 대표기록물을 검색할 수 있다. 조선총독부 관보 부분은 따로 메뉴가 만들어져 있어 관련 정보를 찾는 데 편리하다.

'경기도메모리'는 경기도에서 관련 사료에 대한 정보를 제공하는 사이트이다. 경기도의 역사와 문화유산에 대한 광범위한 접근과 미래세대에 전승을 위한 목적으로 만들어진 디지털 아카이브이다. 이처럼 광역 지자체별로 역사자료를 인터넷에 집적하기 위한 노력도 이어지고 있어 최신 사이트 정보를 수시로 파악하는 노력이 필요하다.

'한국교원대학교 교육박물관'은 교육사와 관련된 자료를 찾는 데 필요한 사이트이다. 일제강점기부터 교육 관련 유물에 대한 정보를 찾을 수 있어, 교육사를 연구하는 사람에게 도움이 된다.

## 8) 독립운동 자료 검색 사이트

독립운동 연구에 가장 기초가 되는 것은 독립운동가의 활동에 관한 내용이다. 이와 관련해서 국가보훈처의 자료와 일제강점기 총독부에서 생산한 기록물이 중요하다. 최소한 아래와 같은 사이트는 수시로 확인하면서 연구를 진행하는 것이 좋다. 개별 사이트를 별도로 즐겨찾기에 담아서 관리하는 것이 편리하다.

[독립운동 자료 대표 사이트]
- 공훈전자사료관 http://e-gonghun.mpva.go.kr
- 독립기념관 한국독립운동정보시스템
  http://search.i815.or.kr/main.do

- 일제감시대상인물카드
  http://db.history.go.kr/item/level.do?itemId=ia
- 독립운동관련 판결문
  http://theme.archives.go.kr/next/indy/viewMain.do

'공훈전자사료관'은 국가보훈처에서 구축·운영하고 있다. 독립유공자 정보·독립유공자 공적조서·독립유공자 공훈록·이 달의 독립운동가·독립유공자 후손 찾기·독립운동사 연표 등을 검색할 수 있다. 독립운동가의 행적을 살피기 위해서 만약 그 인물이 독립유공자로 서훈을 받은 사람이라면 기본적으로 공적 조사와 공훈록의 내용부터 살펴보는 것이 필요하다. 독립운동과 관련된 사료의 원문도 확인할 수 있다.

'독립기념관 한국독립운동정보시스템'은 독립기념관에서 독립운동과 관련된 사료에 대한 정보를 구축하여 제공하고 있다. 한국독립운동인명사전, 소장 자료, 독립운동가 자료, 간행물, 연구성과 등이 검색된다. 독립운동가와 관련된 기증자료도 살필 수 있다.

'일제감시대상인물카드'는 국사편찬위원회에서 운영하는 한국사 데이터베이스에 포함되어있는 DB이다. 조선총독부의 감시대상이었던 인물 총 4,857명에 대한 신상 카드 기록을 검색하여 살필 수 있다. 사진과 함께 간단한 인적사항이 표기되어 있다. 특히 독립운동가의 초상을 확인할 수 있다는 면에서 유익한 자료이다. 한국사데이터베이스에서도 검색이 가능하지만, 독립운동사나 근대사 연구자라면 별도로 즐겨찾기에 저장해두고 활용하면 편리하다.

'독립운동판결문'은 국가기록원에서 구축한 자료이다. 국가기록원이 소장한 형사사건 판결문 중 독립운동 관련 판결문 약 19,000여 건에 대한 원문, 판결주문 해제, 사건 개요 등이 제공된다. 일부 판결문은 국역문도 함께 볼 수 있다. 인명검색, 주소별 검색, 죄명검색, 시기별 검색도 가능하다.

## 9) 통계 자료 검색 사이트

논문을 작성하다 보면 통계 자료를 통한 분석이 필요한 경우가 많다. 시대별로 발간된 자료에서 관련 근거를 추출하는 과정에 꽤 많은 시간과 노력이 투자되어야 한다. 논문에서는 연구자 스스로가 사료를 근거로 통계표를 제시하고 이를 분석하는 방식으로 서술하는 것이 기본이다. 예를 들면, 근대사 연구자의 경우는 일제강점기 조선총독부에 발행한 통계연보를 통해 기본적인 통계 근거를 파악해야 한다.

근현대사 연구 분야에서는 통계 자료에 대한 활용의 비중
이 더 늘어나고 있다. 때문에, 연구주제와 관련된 통계 자료
가 있다면 논문작성에 효율성을 더할 수 있다. 그러한 측면
에서 국가에서 작성한 통계 자료를 잘 활용할 필요가 있다.
현재는 정부와 지자체별로 통계연보를 작성하여 제공하고 있
다. 그런 자료의 현황을 파악하고 있으면 유용하게 활용할
수 있다. 대표적인 사이트는 다음과 같다.


[통계 자료 대표 사이트]
- KOSIS국가통계포털 http://kosis.kr
- 한국은행 경제통계시스템 https://ecos.bok.or.kr
- e-나라지표 http://www.index.go.kr


'KOSIS국가통계포털(Korean Statistical Information
Service)'는 통계청에서 구축·운영하는 사이트이다. 국내·국
제·북한의 주요 통계를 한 번에 찾을 수 있도록 통계 관련
정보를 제공하고 있다. 300여 개 기관이 작성하는 경제·사
회·환경에 관한 1,000여 종의 국가승인통계를 수록하고 있
다. 국내통계의 경우 경제·사회·환경 등 30개 분야에 걸쳐
주요 통계를 찾을 수 있다. 인구, 사회일반, 지역통계, 농림,
수산 등 필요한 자료를 찾아서 분석에 활용하기 좋다. 예를

들면, 도시나 지방사회의 변천을 연구하는 경우 인구 동향의 추이를 이 사이트에 등록된 통계 자료를 활용하여 살펴볼 수 있다.

'한국은행 경제통계시스템'은 한국은행에서 구축·운영하고 있는 사이트이다. 1950년 6월 창립 이래 통화 및 금리, 국민소득, 물가, 국제수지, 기업경영분석 등 경제 각 분야에 걸친 국가의 기본 경제통계를 제공하고 있다. 현대사를 전공으로 하는 연구자에게 활용가치가 크다.

'e-나라지표'는 국가정책 수립, 점검 및 성과측정 등을 목적으로 중앙행정기관이 선정하고 관리하는 주요지표인 '나라지표'를 제공하는 통계정보시스템이다. 정식명칭은 '국정모니터링시스템'이다. 부처별, 영역별 주요지표에 대한 통계자료와 시각자료가 제공되고 있다. 인구, 가족, 건강, 교육, 범죄, 등 현대 사회의 주요지표와 관련된 통계 자료를 분석할 때 유용하다.


## 10) 논문 및 보고서 자료 검색 사이트

논문과 보고서는 역사 논문을 작성하는 과정에서 선행연구성과를 파악하고, 활용하기 위해 필수로 검토해야 하는 자료이다. 현재는 대부분 자료가 온라인으로 검색 가능해서 이용이 매우 편리해졌다. 논문을 작성하기 위해서 가장 먼저 해야 하는 일이 본인이 관심 가지고 있는 주제와 관련하여 선행연구성과를 파악하는 것이다. 보고서의 경우 예전에는 한정수량만 인쇄하기 때문에 자료를 구하기 쉽지 않았다. 하지만 지금은 인터넷 사이트를 잘 활용하면 대부분 자료를 편하게 구할 수 있다. 학술논문을 제공하는 사이트는 기본적으로 논문 파일을 다운로드하는 게 유료이다. 하지만 대부분 경우 각 대학과 협약이 맺어져 있어서 대학 도서관 내 혹은 도서관에서 발급한 아이디를 이용하면 어디서나 무료 이용이 가능하다. 논문 자료를 제공하는 대표 사이트는 다음과 같다.

[논문 자료 대표 사이트]
- 학술연구정보서비스 http://www.riss.kr
- KISS http://kiss.kstudy.com/
- DBPIA https://www.dbpia.co.kr
- 기초학문자료센터 https://www.krm.or.kr
- 한국학술지인용색인
  https://www.kci.go.kr/kciportal/main.kci
- Earticle https://www.earticle.net

- 페이퍼서치 http://www.papersearch.net
- 한국역사문화조사자료데이터베이스
  http://www.excavation.co.kr

'학술연구정보서비스'는 한국교육학술정보원에서 운영하는 서비스이다. 흔히 '리스(RISS)'라 불린다. 'RISS'는 Research Information Sharing Service의 약자이다. 전국 대학이 생산하고 보유하며 구독하는 학술자원을 공동으로 이용할 수 있도록 서비스하고 있다. 학위논문, 음성논문, 국내 학술논문, 해외 학술논문, 단행본, 연구보고서 등을 검색할 수 있다.

'KISS'는 한국학술정보(주)에서 구축한 한국 최초의 학술 데이터베이스 서비스이다. 약 1,330여 개의 학회에서 발행하는 3,320여 종의 학회지에 대한 정보를 전 세계에 제공하고 있다. 국가지식·공공저작물도 검색할 수 있다.

'DBPIA'는 누리미디어에 구축한 학술콘텐츠 플랫폼이다. 국내 학술기관에서 발행한 저널과 논문을 제공하고 있다. 일부 학회에서 이 플랫폼을 활용하여 논문 투고와 심사과정을 진행한다.

'기초학문자료센터'은 한국연구재단에서 인문·사회·예술 분야의 다양한 연구논문 및 저역서 등의 데이터를 이용하실 수 있도록 구축한 사이트이다. 논문자료 외에 인문사회분야 토대연구로 국내 학계에서 구축한 다양한 유형별 DB를 볼 수 있다는 점이 특징이다. '자료학DB', '사전학DB', '총서학DB'로 구분되어 있다. '한국학술지인용색인'은 한국연구재단에서 국내 학술지 및 게재 논문에 대한 학술정보를 위해 구축한 사이트이다. 이외 'Earticle', 페이퍼서치' 등도 학술논문 검색서비스로 구축된 사이트이다.

'한국역사문화조사자료데이터베이스'는 각종 발굴기관의 보고서를 찾을 수 있는 사이트이다. 문화유적 발굴 성과에 대한 보고서를 PDF 파일로 받을 수 있다. 일제강점기에 발간된 고적 관련 자료도 포함되어 있다. 지역별, 시대별로 관련 발굴보고서를 찾는 데 유용하다. 예를 들면 목포대학교 박물관에서 1980년대에 발간한 각종 보고서의 전체 원문을 확인할 수 있다. 해남 군곡리의 역사에 대해 연구한다면, 해남군 곡리 패총에 대한 보고서를 이 사이트를 통해 확인하는 작업이 가능한 사이트이다.


## 11) 박물관 및 기타 자료 검색 사이트

박물관 및 연구 기관에서 구축한 홈페이지도 기본적으로

즐겨찾기에 입력해 놓고 수시로 검색하여 살펴보는 것이 좋다. 박물관에서 소장하고 있는 자료 및 발간물에 대한 정보를 활용할 수 있다. 대표적인 사이트를 소개하면 다음과 같다.

[박물관 및 기타 자료 대표 사이트]
- 국립중앙박물관
  https://www.museum.go.kr/site/main/home
- 문화재청 https://www.cha.go.kr/main.html
- 국립해양박물관 https://www.knmm.or.kr
- 대한민국역사박물관 http://www.much.go.kr
- 식민지역사박물관 http://historymuseum.or.kr
- E뮤지엄(전국박물관소장품검색)
  http://www.emuseum.go.kr/main
- 국립해양문화재연구소 https://www.seamuse.go.kr
- 동북아역사자료센터 https://hflib.kr
- 국립민속박물관
  https://www.nfm.go.kr/home/index.do
- 국립무형유산원 https://www.nihc.go.kr
- 한국민속대백과사전
  https://folkency.nfm.go.kr/kr/main

- 한국민족문화대백과사전 http://encykorea.aks.ac.kr
- 한국향토문화전자대전
  http://www.grandculture.net
- 한국의 지식콘텐츠 http://www.krpia.co.kr
- 지역N문화 https://www.nculture.org
- 사행록 역사기행 http://saheng.ugyo.net/index.do

각 박물관 및 연구 기관에서 최근 수집한 사료들이 전산화를 통해 온라인으로 제공되는 추세다. 국사편찬위원회에서 구축한 '사행록 역사기행'처럼 사이버 박물관 개념으로 특정 주제와 관련된 DB도 늘어나고 있다. 본인의 연구주제와 관련하여 개별 DB 사이트가 있는지도 확인할 필요가 있다.

'지역N문화'는 전국문화원연합회에서 구축한 사이트이다. 전국의 각 지방문화원에서 발간한 자료에 대한 정보를 제공하고 있다. 지방문화원 자료의 경우 대부분 비매품이다. 현장에 가지 않으면 구하기 어려웠는데, 이러한 사이트를 통해 과거에 발행된 자료들을 확인하는 것이 가능해졌다.

이상에서 소개한 역사정보 관련 DB 사이트 외에도 훨씬 더 많은 사이트가 있다. 이외에도 자신의 관심 주제와 연관이 있는 박물관이나 연구기관이 어떤 곳이 있는지를 파악해

놓는 것이 필요하다. 국내 자료 외에 해외 자료도 있고, 해외기관에서 구축한 사이트에 한국 관련 자료가 많은 사례도 있다. 관련 사이트를 많이 파악하고 있는 것이 연구자의 경쟁력이기도 하다.

지금은 디지털 시대이다. 온라인으로 세계가 연결되어 있다. 역사 연구도 인터넷에 흩어져 있는 사료를 어떻게 찾아내고 활용하는 가의 여부가 연구자의 역량을 가늠하는 중요한 척도가 되고 있다.

## 4.2 나만의 자료집 만들기

좋은 논문을 쓰기 위해서는 관련 사료를 다양하게 확보하는 것이 중요하다. 연구를 진행하면서 지속해서 자료를 찾고 보완하는 작업을 해야 한다. 그 전에 미리 자신의 연구주제와 관련된 기본 자료집을 만들어 놓고, 논문작성을 시작하는 것이 좋다. 앞에서 소개한 디지털 역사정보 사이트를 최대한 활용하여 논문작성을 위한 자기만의 자료집을 만들어보는 과정이 선행되어야 한다. 이는 논문 집필의 효율성과 완성도 높이는 지름길이다.

필자의 경험을 간단히 소개해 보겠다. 석사학위 과정에서 「대한제국기 목포각국거류지의 형성과 그 특징」이라는 논문을 작성했다. 이 논문을 본격적으로 쓰기 전에 관련 자료를 수집해서 몇 개의 자료집을 자체적으로 만들었다. 예를 들면 다음과 같은 주제의 자료집을 각각의 별 권으로 묶었다.

- 조선총독부 관보 중 목포자료집
- 주한일본공사관 기록 중 목포자료집
- 일본영사관 기록 중 목포자료집
- 목포 관련 각종 통계 자료집

조선총독부 관보 중 목포 관련 기사를 묶어서 시기별로 목차를 작성하고 자료집을 만들었다. 일제강점기 전반에 걸친 목포 사회상의 흐름을 이해하는 데 큰 도움이 되었다. 주한 일본공사관 기록 가운데 목포와 관련된 기록을 묶어서 시기별로 목차를 달고 자료집을 만들었다. 목포개항의 과정과 목포 개항 후 쟁점들을 살피는 데 도움이 되었다. 일본영사관의 보고 기록 중 목포 관련된 자료를 묶어서 하나의 자료집을 만들었다. 개항 후 목포 일본영사관의 역할을 이해하는 데 도움을 받았다. 목포상업회의소에서 발간한 통계 자료 등을 묶어서 통계자료집을 만들었다. 인구변화, 무역구조 등을 이해하는 데 활용했다.

　이렇게 석사 논문을 쓰기 위해서 만든 자료집은 세상에서 본 연구자 혼자만 가지고 있는 유일한 자료집이 되었다. 20여 년의 시간이 흘렀지만, 이때 만든 자료집은 지금도 매우 유용하게 활용하고 있다.

　자료를 찾는 과정은 논문 쓰기의 즐거움 중 하나이다. 당시는 인터넷 사이트가 발달하기 전이다. 모든 자료를 소장처를 방문해서 복사해 와야 하는 수고로움이 있었으나 그 자체가 재미있었다.

　논문을 쓰기 전에 이처럼 사료집을 미리 만들어 놓는 것이 필요하다. 대학생의 논문이라도 이러한 과정은 필수이다. 관련 사료집을 미리 만들어 놓으면 다음과 같은 장점이 있다.

- 다양한 사료의 소재 파악 및 분석 능력 향상
- 효율적인 연구논문 작성을 위한 기초자료 확보
- 개별 선정된 주제에 맞는 다양한 사료 검색 방법 수행

  필자는 학생들의 학위논문을 지도할 때 논문작성용 기초사료집을 먼저 작성해서 제출할 것을 요구한다. 본격적인 연구를 시작하기 전에 스스로 자신의 주제에 대한 사료 조사 보고서를 작성해보게 하는 것이다.
  학사, 석사, 박사에 따라 내용은 달라지지만, 반드시 기본 사료집을 만들 것을 주문한다. 이 책을 읽으면서 학위논문을 준비하는 학생이 있다면 마찬가지로 꼭 미리 시도해보기를 권한다. 사료집 제작을 위해 기본적인 포함되어야 할 내용을 제시하면 다음과 같다. 순서와 항목의 제목은 각자 본인 주제에 맞춰 자유롭게 조정해도 된다.

  [논문작성용 기초 사료집 작성 내용]
- 참고문헌 목록 조사(직·간접 관련성 논문 목록제시, 서식에 맞게 정리)

- 관련 사료 찾기(기초사료 검색 제시, 논문 제외, 문서, 책, 기록물 등)
- 관련 이미지 자료 조사(옛 사진, 지도, 영상 등)
- 관련 인물 찾기(주제와 관련된 인물을 검색하여 목록화)
- 관련 기록 및 신문 찾기(관찬 사료 혹은 주제 관련 신문 기사 목록화)
- 기타 참고 자료(논문작성에 도움이 될 각종 자료)

사료집을 만들기 위해서 가장 먼저 해야 할 과정은 기본 자료를 파악하는 것이다. 이를 위해서는 선행연구 논문을 읽어보고, 그 연구에서 참고한 자료가 무엇인지를 살피는 것이 필수이다. 그렇게 해서 해당 분야에서 참고가 되는 기초자료의 목록을 참조한 후 자신의 자료를 보완해나가면 된다.

참고문헌의 목록을 미리 작성해 놓으면 실제 연구를 진행할 때 선행연구성과 분석 원고를 작성할 때 큰 도움이 된다. 논문의 각주 작성에도 유용하고, 어차피 최종논문의 끝에 반드시 들어가야 할 내용이니 조사단계에서 충실하게 작성하는 것이 좋다. 학술논문을 무료로 제공하는 사이트를 이용하여 검색한 후 사료, 논문, 단행본, 학위논문, 기타 자료 등 몇 가지 기준으로 구분하여 정리한다.

최대한 다양한 참고문헌을 파악하여 정리해야 한다. 논문 쓰기를 진행하는 과정에서도 새로 확인된 자료를 지속하여 목록에 추가한다.

관련 사료는 본인의 연구주제와 직접 관련된 사료를 유형별로 정리하는 것이다. '한국역사정보통합시스템'이나 '한국사데이터베이스' 등 역사정보DB 사이트를 활용하여 검색하고, 그 결과를 본인이 언제든지 확인할 수 있도록 정리해둔다. 고려사, 조선왕조실록을 비롯한 관찬 자료, 읍지와 지리지를 비롯한 사찬 자료, 근대기에 발간된 각종 자료 등 항목을 설정하여 조금이라도 도움이 될 내용이 있으면 갈무리하는 것이 좋다. 한번 본 자료를 나중에 다시 찾으려고 했을 때 못 찾는 경우도 빈번하다. 간단한 해제와 함께 연구에서 활용이 가능한 부분을 메모해 놓는 것이 유용하다. 자료의 명칭과 정확한 소장처를 함께 적어주는 것이 필수이다.

이미지 자료의 조사는 해당 주제와 관련된 지도, 그림, 사진, 영상 등이 주 대상이다. 이미지 자료는 연구 대상의 지리적, 경관 등을 분석하는 데 유용한 각종 자료를 조사하여 정리하는 것이다. 이미지에 담긴 텍스트 메타포(함의)에 대한 분석을 통해 당대의 사회상과 공간 읽기를 시도할 때 활용할 자료를 모아놓는 것이다. 이미지가 데이터베이스 되어있는 사이트를 활용하여 관련 자료를 목록화한다. 이때 반드시 소장처 주소와 함께 링크도 기록하여, 언제든지 이미지 원본에 접근 가능할 수 있게 해야 한다. 규장각 소장의 고지도, 각종 지리지에 포함된 지도, 조선시대에 발간한 지도 등이 해당한다. 일제강점기 연구자라면 근대기에 발행된 단행본에 포함된 사진, 엽서에 수록된 사진, 별도의 사진첩 등에 포함된 자료를 분석하여 정리해 놓는 것이 좋다.

인물 자료의 경우도 별도 항목으로 구분하여 정리해 놓는 것이 필요하다. 연구를 진행하는 데 해당 주제와 연관성이 있는 인물에 대한 정보를 따로 정리해 놓으면 이를 근간으로 자료 추적을 확대해 나가기는 데 유용하다. 예를 들어, 자신이 경복궁의 중건과 관련된 연구를 진행한다고 가정하자. 대원군, 고종 외에도 중건을 주도하는 데 기여한 대표 인물의 이름을 적고, 관련 정보를 찾을 수 있는 기초자료의 출처를 적어놓는 것이다. 근대기 목포 일본영사관과 관련된 연구를 진행한다면, 역대 목포 일본영사의 이름을 파악하여 그와 관련된 기초 정보를 목록화하는 방식으로 자료를 정리해 놓는 것이다. 인물 자료의 경우도 '한국역사정보통합시스템'이나 '한국사 데이터 베이스'를 활용하여 기본 내용을 파악하는 것이 가능하다. 이러한 사이트의 검색 결과를 토대로 추가로 보완해나가면서 논문작성에 활용하면 된다.

관찬 사료 혹은 신문기록 등에서 해당 주제와 관련된 기사를 목록화하는 것이 필요하다. 고려시대 연구자라면 『고려사』에서, 조선시대 연구자라면 『조선왕조실록』에서 해당 주제와 연관 있는 키워드를 검색하여 관련 기사를 정리하는 것이다.

근현대사 연구에서는 근현대 신문기록에서 관련 있는 기사를 추출하여 목록과 기사 내용을 갈무리해 놓는 것이 좋다. 근대사 연구자의 경우에는 신문자료만 가지고 논문을 작성하기도 한다. 해당 주제와 관련된 몇 가지 검색 키워드를 설정하여 자료를 찾아본 후 주요 기사를 정리해야 한다. 최근 조선일보, 동아일보가 별도의 데이터베이스를 공개하여 기사 내용을 제공하고 있다. 그 외 네이버 뉴스라이브러리 등을 활용하여 기사를 검색하면 된다. 가능하면 기사의 제목과 출처를 적은 후, 원문과 국역문을 함께 정리하는 방식이 좋다. 조선일보의 경우는 국역문이 복사가 가능한 상태이다. 국역문이 제공되지 않는 기사들의 경우는 우선 원문의 내용을 캡처하여 목록에 넣어두고, 나중에 실제 논문을 쓰면서 필요한 경우 국문으로 옮기는 것이 효과적이다.

# 4.3 부록 : 역사정보DB 사이트 목록

　앞에 소개된 대표 사이트의 목록을 한꺼번에 찾아보기 편하
도록 모아서 제시하면 다음과 같다.

## 1) 역사정보 관련 대표 사이트

- 한국역사정보통합시스템
  http://www.koreanhistory.or.kr
- 한국사데이터베이스 http://db.history.go.kr
- 규장각한국학연구원 https://kyu.snu.ac.kr
- 한국학디지털아카이브 http://yoksa.aks.ac.kr
- 한국학자료포털 http://kostma.aks.ac.kr
- 한국역대인물종합정보
  http://people.aks.ac.kr/index.aks
- 국가문화유산포털
  http://www.heritage.go.kr/heri/idx/index.do
- 호남기록문화시스템 http://honam.chonbuk.ac.kr
- 호남한국학종합DB http://db.hiks.or.kr
- 한국학 진흥사업 성과포탈 http://waks.aks.ac.kr

## 2) 고전 관련 대표 사이트

- 한국고전종합DB http://db.itkc.or.kr
- 디지털장서각 http://jsg.aks.ac.kr
- 한국고전적종합목록시스템
  https://www.nl.go.kr/korcis/
- 동양고전종합DB
  http://db.cyberseodang.or.kr/front/main/main.do
- 남명학 고문헌 시스템
  http://nmh.gsnu.ac.kr/index.jsp
- 한국가사문학 http://www.gasa.go.kr/
- 옛문서생활사 박물관 https://life.ugyo.net/index.do
- 조선왕조실록 http://sillok.history.go.kr

## 3) 도서 관련 대표 사이트

- 국립중앙도서관 https://www.nl.go.kr
- 국회도서관 https://www.nanet.go.kr/main.do
- 일본국회도서관 https://www.ndl.go.jp/ko/index.html
- 국가전자도서관 http://www.dlibrary.go.kr
- 문화재청 전자도서관 http://library.cha.go.kr

- 한국학도서관 https://lib.aks.ac.kr/index.ax


## 4) 신문 자료 대표 사이트

- 네이버 뉴스라이브러리 https://newslibrary.naver.com
- 조선뉴스라이브러리 100
  https://newslibrary.chosun.com
- 동아디지털아카이브
  https://www.donga.com/archive/newslibrary
- 대한민국 신문 아카이브
  https://nl.go.kr/newspaper
- 뉴스뱅크 http://image.newsbank.co.kr


## 5) 지도 자료 대표 사이트

- 국토정보 플랫폼 http://map.ngii.go.kr
- 국립지리원 지도박물관 http://map.ngii.go.kr
- 내고향 역사알기
  https://theme.archives.go.kr/next/oldhome/viewMain.do
- 문화재공간정보서비스

http://gis-heritage.go.kr/main.do

## 6) 영상 사진 자료 대표 사이트

- 문화유산 연구지식포털 금석문 자료
  https://portal.nrich.go.kr
- 한국근현대사 영상 아카이브 http://kfilm.khistory.org
- 한국영상자료실 https://www.koreafilm.or.kr/main
- ktv대한늬우스
  https://www.youtube.com/channel/UC8_LPVE4Yuc6
  KF0opF6uS_w/videos
- 조선사진엽서DB
  https://kutsukake.nichibun.ac.jp/CHO/index.html?p
  age=1

## 7) 근현대 기록물 자료 대표 사이트

- 국가기록원
  http://www.archives.go.kr/next/viewMain.do
- 대통령기록관 http://pa.go.kr/index.jsp

- 오픈아카이브스 https://archives.kdemo.or.kr/main
- 동학농민혁명 종합지식정보시스템
  http://www.e-donghak.or.kr/index.jsp
- 삼일운동 데이터베이스 http://db.history.go.kr/samil
- 5.18민주화운동기록관 http://www.518archives.go.kr
- 근현대사 디지털아카이브
  http://archive.much.go.kr/index.do
- 조선총독부 기록물
  http://theme.archives.go.kr/next/government/view
Main.do
- 경기도메모리 https://memory.library.kr
- 한국교원대학교 교육박물관
  https://museum.knue.ac.kr/smain.html

## 8) 독립운동 자료 대표 사이트

- 공훈전자사료관 http://e-gonghun.mpva.go.kr
- 독립기념관 한국독립운동정보시스템
  http://search.i815.or.kr/main.do
- 일제감시대상인물카드
  http://db.history.go.kr/item/level.do?itemId=ia
- 독립운동관련 판결문
  http://theme.archives.go.kr/next/indy/viewMain.do

## 9) 통계 자료 대표 사이트

- KOSIS국가통계포털 http://kosis.kr
- 한국은행 경제통계시스템 https://ecos.bok.or.kr
- e-나라지표 http://www.index.go.kr

## 10) 논문 자료 대표 사이트

- 학술연구정보서비스 http://www.riss.kr
- KISS http://kiss.kstudy.com/
- DBPIA https://www.dbpia.co.kr
- 기초학문자료센터 https://www.krm.or.kr
- 한국학술지인용색인
  https://www.kci.go.kr/kciportal/main.kci
- Earticle https://www.earticle.net
- 페이퍼서치 http://www.papersearch.net
- 한국역사문화조사자료데이터베이스
  http://www.excavation.co.kr

## 11) 박물관 및 기타 자료 대표 사이트

- 국립중앙박물관
  https://www.museum.go.kr/site/main/home
- 문화재청 https://www.cha.go.kr/main.html
- 국립해양박물관 https://www.knmm.or.kr
- 대한민국역사박물관 http://www.much.go.kr
- 식민지역사박물관 http://historymuseum.or.kr
- E뮤지엄(전국박물관소장품검색)
  http://www.emuseum.go.kr/main
- 국립해양문화재연구소 https://www.seamuse.go.kr
- 동북아역사자료센터 https://hflib.kr
- 국립민속박물관
  https://www.nfm.go.kr/home/index.do
- 국립무형유산원 https://www.nihc.go.kr
- 한국민속대백과사전
  https://folkency.nfm.go.kr/kr/main
- 한국민족문화대백과사전 http://encykorea.aks.ac.kr
- 한국향토문화전자대전
  http://www.grandculture.net
- 한국의 지식콘텐츠 http://www.krpia.co.kr
- 지역N문화 https://www.nculture.org
- 사행록 역사기행 http://saheng.ugyo.net/index.do

# 역사 논문 쓰기 입문

발　행 | 2021년 08월 19일
저　자 | 최성환
펴낸이 | 한건희
펴낸곳 | 주식회사 부크크
출판사등록 | 2014.07.15.(제2014-16호)
주　소 | 서울특별시 금천구 가산디지털1로 119 SK트윈타워 A동 305호
전　화 | 1670-8316
이메일 | info@bookk.co.kr

ISBN | 979-11-372-5327-8

www.bookk.co.kr